A POESIA DO ENCONTRO

PAPIRUS ◆ DEBATES

A coleção Papirus Debates foi criada em 2003 com o objetivo de trazer a você, leitor, os temas que pautam as discussões de nosso tempo, tanto na esfera individual como na coletiva. Por meio de diálogos propostos, registrados e depois convertidos em texto por nossa equipe, os livros desta coleção apresentam o ponto de vista e as reflexões dos principais pensadores da atualidade no Brasil, em leitura agradável e provocadora.

ELISA LUCINDA
RUBEM ALVES

A POESIA DO ENCONTRO

PAPIRUS 7 MARES

Capa	Fernando Cornacchia
Foto de capa	Rennato Testa
Imagem de capa	Detalhe da monotipia "O encontro", de Vânia Marques
Coordenação	Beatriz Marchesini
Diagramação	DPG Editora
Transcrição	Ana Carolina Marmo e Nestor Tsu
Edição	Aurea Guedes de T. Vasconcelos
Revisão	Ana Carolina Freitas, Anna Carolina Garcia de Souza, Juliana Palermo e Pamela Andrade

Dados Internacionais de Catalogação na Publicação (CIP)
(Câmara Brasileira do Livro, SP, Brasil)

Lucinda, Elisa
  A poesia do encontro/Elisa Lucinda, Rubem Alves. – 5ª ed. – Campinas, SP: Papirus 7 Mares, 2023.

ISBN 978-65-5592-035-2

1. Ensaios brasileiros 2. Poesia brasileira I. Alves, Rubem. II. Título.

22-139291   CDD-B869.8

Índice para catálogo sistemático:
1. Literatura brasileira: Coletâneas B869.8

Inajara Pires de Souza – Bibliotecária – CRB PR-001652/O

Coedição Casa Poema

5ª Edição – 2023
3ª Reimpressão – 2025
Tiragem: 60 exs.

Exceto no caso de citações, a grafia deste livro está atualizada segundo o Acordo Ortográfico da Língua Portuguesa adotado no Brasil a partir de 2009.

Proibida a reprodução total ou parcial da obra de acordo com a lei 9.610/98.
Editora afiliada à Associação Brasileira dos Direitos Reprográficos (ABDR).

DIREITOS RESERVADOS PARA A LÍNGUA PORTUGUESA:
© M.R. Cornacchia Editora Ltda. – Papirus 7 Mares
R. Barata Ribeiro, 79, sala 3   – CEP 13023-030 – Vila Itapura
Fone: (19) 3790-1300 – Campinas – São Paulo – Brasil
E-mail: editora@papirus.com.br – www.papirus.com.br

POESIA (Antônio Vieira)

A nossa poesia é uma só
Eu não vejo razão pra separar
Todo o conhecimento que está cá
Foi trazido dentro de um só mocó
E ao chegar aqui abriram o nó
E foi como se ela saísse do ovo
A poesia recebeu sangue novo
Elementos deveras salutares
Os nomes dos poetas populares
Deveriam estar na boca do povo

Os livros que vieram para cá
O Lunário e a Missão Abreviada
A donzela Teodora e a fábula
Obrigaram o sertão a estudar
De repente começaram a rimar
A criar um sistema todo novo
O diabo deixou de ser um estorvo
E o boi ocupou outros lugares
Os nomes dos poetas populares
Deveriam estar na boca do povo

No contexto de uma sala de aula
Não estarem esses nomes me dá pena
A escola devia ensinar
Pro aluno não me achar um bobo
Sem saber que os nomes que eu louvo
São vates de muitas qualidades
O aluno devia bater palma
Saber de cada um o nome todo
Se sentir satisfeito e orgulhoso
E falar deles para os de menor idade
Os nomes dos poetas populares.

*Elisa Lucinda, Rubem Alves e a Papirus
desejam expressar aqui seus agradecimentos a
Gilberto Dimenstein pela concepção deste livro.*

*Agradeço ao olhar amoroso de Geovana Pires,
Edney Martins e Juliano Gomes.*
Elisa Lucinda

SUMÁRIO

Prefácio 9
Gilberto Dimenstein

Arte em forma de ouro 11

Casa da palavra 25

Poesia: Uma experiência de libertação 33

A educação do olhar 49

Para acordar a palavra 65

Tire o vinco da poesia 75

Poesia: Matéria da escola da vida 87

Emergência poética 101

Faz-se poesia para fora 127

A alma do texto é a emoção 137

Glossário 147

N.B. Na edição do texto foram incluídas notas explicativas no rodapé das páginas. Além disso, as palavras em **negrito** integram um **glossário** ao final do livro, com dados complementares sobre as pessoas citadas.

PREFÁCIO

Gilberto Dimenstein

Enquanto assistia, encantado, a Elisa Lucinda e Rubem Alves falarem (falarem, não, declamarem) sobre como a poesia se entrelaçou em suas vidas, como se fossem dimensões inseparáveis, traduções obrigatórias das dores e dos prazeres, pensava em como desperdiçamos tempo com o ensino da língua portuguesa a nossos alunos. Eu me sentia diante de um espetáculo, e não de uma conversa. Não me lembro, aliás, de ter sentido tanta emoção com a poesia como nesse dia em que os dois se reuniram para fazer este livro – uma não conhecia o outro, e a força da palavra fez deles rapidamente íntimos, como se fossem amigos de longa data.

Usamos mal o tempo quando ensinamos a língua pela norma culta – é como tentar explicar o amor pelas reações bioquímicas, desvendando a neurociência. Ou tentar apresentar a transcendência da sexualidade numa aula de anatomia. Gostamos de ler porque a leitura nos remete ao prazer de descobrir e saborear outros mundos. Ou até mesmo nosso mundo. E, aí, faz todo o sentido a precisão da linguagem, faz sentido aprender o local exato da vírgula.

Os alunos são brindados com a leitura obrigatória. E acabam imaginando que a literatura tem de ser estudada para não repetir o ano, passar no vestibular, ou coisa parecida.

Por fim, a triste realidade é que muitos professores não gostam de ler. Quem não gosta de ler não entusiasma as crianças sobre a leitura.

Neste livro encontra-se uma aula sobre como a poesia pode ser um instrumento eficaz para levar ao encantamento da vida e ao prazer da leitura. É quase um roteiro para quem quiser usar a poesia em sala. É uma chance de despertar emoções.

Aquela fulminante intimidade entre Elisa e Rubem, dois educadores que respiram poesia, é a intimidade que a arte nos faz ter com a vida. É um bom jeito de contribuir para que a escola se transforme em um espaço mais íntimo – e poético. Será um espaço mais de declamação do que de reclamação.

Arte em forma de ouro

Rubem Alves – Sabe, Elisa, a gente nunca se viu antes, mas nosso amigo, Gilberto Dimenstein, esteve me contando sobre seu trabalho com poesia, sobre sua paixão e sua fascinante criatividade, e fiquei com muita vontade de conhecê-la. Estou contente que tenha dado tudo certo para este nosso bate-papo! Então, para começar, conte, Elisa, quando foi que a poesia entrou em sua vida?

Elisa Lucinda – Isso é algo que só posso lhe responder porque minha mãe me contou. Tudo começou em 1992, quando vivi uma situação absurda. Eu estava fazendo um filme em São Paulo e aí...

Rubem – Qual era o filme?

Elisa – *A causa secreta*, dirigido por Sérgio Bianchi.[1] Eu já havia trabalhado como atriz, mas aquele era meu primeiro filme em São Paulo. Eu contava com a ajuda de Paulo, um estagiário, que me levava aos mais diversos lugares, um tipo de motorista e cicerone ao mesmo tempo. Um dia, no hotel, de repente me vi falando assim:

---
1. Filme baseado no conto "Pai contra mãe", de Machado de Assis, que faz parte do livro *Relíquias da casa velha* (1906). Distribuição Sagres/Riofilme, 1994.

Paulo, meu filho, escuta:
és amigo de tua mãe?
– Oh! Minha mãe que pergunta?
– Basta meu filho, pois bem;
Vai ver a velha Vicência
O amor que um filho lhe tem.
Fazem hoje vinte anos,
(Dizendo mostra um punhal!)
Que teu pai morreu a golpes
Deste ferro por meu mal;
E que eu deveria vingá-lo
Fiz uma jura fatal.
– Uma jura?! Mãe Santíssima!
Oh! Minha mãe, que jurou?
– Eu jurei por este sangue,
Que em ferrugem se tornou,
Que tu, filho, matarias
Esse que a teu pai matou.
E matas? – Mato, aqui o juro:
– E matas seja quem for?
Ainda que essa vingança
Te roube ao seio um amor?
– Ainda assim. – Toma o ferro,
É Ricardo o matador.
– Ricardo o pai de Maria! (...)

    O poema continuava, mas eu me lembrava apenas desse trecho. E fiquei estarrecida ali no hotel, o rapaz parado na minha frente...

Rubem – Mas por que você falou essa poesia para ele?

Elisa – Foi o nome dele que despertou o poema guardado em algum canto da minha memória. Quando me dirigi a ele – "Paulo, meu filho" –, as palavras brotaram de dentro de mim, encadeadas umas às outras.

Rubem – Mas essa poesia era sua, você a fez de improviso?

Elisa – Não, não era minha. Esse tipo de poema, girando em torno do sentimento de vingança, nem me agrada particularmente. Pensei: "Que estranho! Por que esse poema estaria guardado em minha memória?". E, o que é pior, não me lembrava do seu final. Aquilo me soava familiar e esquisito ao mesmo tempo. Liguei então para minha mãe – que, felizmente, ainda era viva, tendo falecido um ano mais tarde – e contei a ela o que tinha acontecido. Ela começou a chorar e perguntou: "Minha filha, de que você se lembra exatamente, qual é a imagem que corresponde a essa memória?". "Um caderno com letras vermelhas", respondi. Ela continuou, com ansiedade: "Era minha letra, não era?". "Acho que sim, não me lembro claramente", confirmei. Ela explicou: "Seu pai foi ao Rio de Janeiro (nós somos capixabas) e trouxe para mim, de presente, uma novidade: uma caneta Bic, vermelha, que estreei com esse poema de que eu gostava muito, mas que nunca consegui decorar. Você devia ter uns cinco anos e costumava ficar encostadinha em mim enquanto eu me esforçava para decorar. O título do poema é 'A louca de Albano'".

Rubem – "A louca de Albano"?

Elisa – É. Albano é uma região na Itália, e a louca é Maria, noiva de Paulo, personagem do poema. Enfim, minha mãe disse que não sabia mais onde poderia estar aquele caderno com o poema. E fiquei intrigada, pensando: "O que é isso?! Eu decorei o poema!".

Rubem – De quem é esse poema?

Elisa – Agora não me lembro. Acho que não se conhece o autor.[2]

Rubem – E o Paulo?

Elisa – O Paulo ficou absolutamente atônito na minha frente e exclamou: "Nossa! Parece um filme!". Esse pequeno episódio ilustra como eu vejo a poesia dentro da escola: arte em forma de ouro. Como ela não é colocada desse modo, no mais das vezes as crianças não se interessam por esse tesouro. Imagine se um adolescente, uma criança, descobre o potencial de aventura que tem um poema, o potencial simbólico e cinematográfico...

---

2. Poema de origem popular, publicado em 1874.

Rubem – Essa foi a primeira vez que você teve uma experiência com a poesia dessa forma?

Elisa – Bem, esse foi um acontecimento especial. Mas, além desse *insight*, lembro-me de várias ocasiões em que recitei poemas na escola. Eu adorava poesia. Na época, era muito comum nas escolas a comemoração das festas cívicas e de datas especiais, para as quais eu sempre procurava estar preparada. Assim, se sabia que 25 de agosto era o Dia do Soldado, escolhia uma poesia relativa ao tema e a decorava. Quando a professora perguntava: "Quem sabe algum poema sobre soldado?", eu já me apresentava. O mesmo acontecia por ocasião da primavera, estação que também merecia comemoração, e de outras festividades. Eu realmente gostava de poesia, coisa que minha mãe logo percebeu. Quando ela soube, por um anúncio de jornal, que havia uma professora que dava aulas de declamação em casa, ela me levou para estudar declamação.

Rubem – E quem foi sua professora?

Elisa – Ela se chama Maria Filina Salles Sá de Miranda. Eu me lembro bem dessa cena. Tinha 11 anos. Mamãe me arrumou toda bonitinha e, a caminho da aula, eu pensava: "Meu Deus, tomara que...", não sei, mas acho que eu tinha medo de não gostar da aula. Quando cheguei lá, a professora olhou para mim, segurou meu queixo e disse: "Nossa, que olhos verdes e vivos você tem, menina!". Então, me enchi de coragem e perguntei a ela: "Será que vou gostar de aula de declamação?". Ela corrigiu: "Eu não ensino declamação, dou aula de *interpretação teatral da poesia*". Ela era modernésima! Eu não a imaginava assim... A casa ficava em Vitória, em um bairro onde só havia casas bacanas! Era muito chique, elegante, de bom gosto e moderna, parecia um teatro. Possuía uma biblioteca organizada, com muitos livros visualmente, esteticamente bonitos.

Quando cheguei para a primeira aula, minhas coleguinhas falavam: "Eu vim aqui por causa de minha mãe..." ou "Não sei tocar piano nem dançar balé e nas festas tenho que fazer alguma coisa, então vim aprender declamação" – acho que isso era algo da classe média daquela época, sabe? Uma delas disse que estava lá porque era gaga, outra porque era tímida; enfim, eu era uma das únicas daquela turma que frequentava as aulas porque amava a poesia. Hoje, quando olho para trás, acho que alguma coisa especial aconteceu entre mim e a professora, pois ela me escolheu para ser seu *alter ego*. O poema que ela me designou foi o "Cântico negro".[3] Esse foi o primeiro poema que decorei (ou, pelo menos, foi assim que ficou registrado na minha memória).

Rubem – Meu Deus do céu, José Régio! "Vem por aqui..." É um poema maravilhoso! Você ainda se lembra dele?

---

3. Poema de José Régio, publicado no livro *Antologia poética*. Lisboa: Quasi, 2005.

Elisa – Sim, lembro-me de tudo. Mas conto uma curiosidade antes: uma coisa que ela me ensinou, fundamental na poesia, é que a gente deve dizer primeiro o nome do autor e depois o da obra. Por exemplo: de José Régio, "Cântico negro". Sua explicação para isso era a seguinte: "Suponhamos que o poema seja 'A frestinha'. 'A frestinha', de Cecília **Meireles**? Não fica bem, entendeu?". Nunca me esqueci disso.

Então, de José Régio, "Cântico negro":

"Vem por aqui" – dizem-me alguns com os olhos doces,
Estendendo-me os braços, e seguros
De que seria bom que eu os ouvisse
Quando me dizem: "vem por aqui!".
Eu olho-os com olhos lassos,
(Há, nos olhos meus, ironias e cansaços)
E cruzo os braços,
E nunca vou por ali...

A minha glória é esta:
Criar desumanidade!
Não acompanhar ninguém.
– Que eu vivo com o mesmo sem-vontade
Com que rasguei o ventre a minha mãe.

Não, não vou por aí! Só vou por onde
Me levam meus próprios passos...
Se ao que busco saber nenhum de vós responde

Por que me repetis: "vem por aqui!"?
Prefiro escorregar nos becos lamacentos,
Redemoinhar aos ventos,
Como farrapos, arrastar os pés sangrentos,
A ir por aí...

Se vim ao mundo, foi
Só para desflorar florestas virgens,
E desenhar meus próprios pés na areia inexplorada!
O mais que faço não vale nada.

Como, pois, sereis vós
Que me dareis impulsos, ferramentas e coragem
Para eu derrubar os meus obstáculos?...
Corre, nas vossas veias, sangue velho dos avós,
E vós amais o que é fácil!
Eu amo o Longe e a Miragem,
Amo os abismos, as torrentes, os desertos...

Ide! Tendes estradas,
Tendes jardins, tendes canteiros,
Tendes pátria, tendes tetos,
E tendes regras, e tratados, e filósofos, e sábios...
Eu tenho a minha Loucura!
Levanto-a, como um facho, a arder na noite escura,
E sinto espuma, e sangue, e cânticos nos lábios...

Deus e o Diabo é que guiam, mais ninguém.
Todos tiveram pai, todos tiveram mãe;

Mas eu, que nunca principio nem acabo,
Nasci do amor que há entre Deus e o Diabo.
Ah, que ninguém me dê piedosas intenções,
Ninguém me peça definições!
Ninguém me diga: "vem por aqui"!
A minha vida é um vendaval que se soltou.
É uma onda que se alevantou,
É um átomo a mais que se animou...
Não sei por onde vou,
Não sei para onde vou,
Sei que não vou por aí!

Rubem – Esse é o meu favorito!

Elisa – Jura? Que sorte que eu dei! Mas por que é o seu favorito, Rubem?

Rubem – Porque eu sou assim.

Elisa – Assim como?

Rubem – Eu não vou e nunca fui por onde as pessoas me disseram que fosse. Há um verso de T.S. **Eliot** que diz assim: "Num país de fugitivos, aquele que anda em direção contrária parece estar fugindo". Acho que andei na direção contrária a vida inteira: na escola, fui mau aluno (*Fomos maus alunos*);[4] mas

---

4. Referência ao livro com esse nome, de Gilberto Dimenstein e Rubem Alves (Papirus, 2003).

também andei em direção contrária no ginásio, no seminário, na Associação Brasileira de Psicanálise, na universidade, de modo que, quando escuto esse poema de José Régio, é como se eu mesmo estivesse dizendo aquilo. Aliás – e acho que esta é uma das características importantíssimas da poesia –, a gente tem certeza de que ama a poesia quando diz: "Eu poderia ter escrito isso, isso é parte da minha carne".

Elisa – Claro: isso sou eu. As pessoas falam: "Eu tenho esse poema na minha agenda porque isso daqui sou eu".

Rubem – Isso sou eu, exatamente.

Elisa – É incrível! É muito bom ouvir uma pessoa da sua geração expressar isso que eu penso. Parece loucura, pois esse poema acabou me acompanhando durante todas as etapas de minha vida, foi minha grande bandeira na adolescência. Eu dizia com vontade: "Sei que não vou por aí". Aquilo me legitimava. E até hoje ele é meu "companheiro de viagem", o discurso de minha rebeldia.

Rubem – E lhe digo mais, Elisa: esse poema é eterno. Uma coisa que acho absolutamente fundamental é que o poema não é para ser lido, mas para ser cantado. Daí a dificuldade que muitas pessoas têm para ler poesia, porque elas sabem ler, sabem juntar as letras, mas desconhecem a música. Ao recitar esse poema, você não estava repetindo a prosa do Régio, você estava possuída. O poema é para ser possuído. Aliás, acho absolutamente fantástico um comentário que **Shakespeare** faz sobre o que acontece com o intérprete. Ele diz algo assim: Como é que pode uma ficção, uma coisa que não existe, envolver o intérprete de tal modo que ele fica possuído por ela? Ele chora, ele ri, ele vive aquela coisa. Pois a poesia é isso. É preciso que as pessoas entendam que a poesia é uma experiência de possessão. E isso não se ensina nas escolas.

Elisa – É verdade. Se as pessoas se derem conta disso, vão ficar animadíssimas. Posso até imaginar: "Eu não quero perder essa aula!". Claro! Mas voltando ao relato de minha experiência com o "Cântico negro", a professora me deu esse poema e logo percebi que ela me reservou um lugarzinho especial na turma, deixando-me para o final. Eram dois recitais por ano, um em julho e outro em dezembro, em dois teatros da cidade, o Carlos Gomes e o Studio. Minha participação era sempre no final de cada recital, encerrando-o. Em julho, por ocasião de meu primeiro recital, minha família toda estava na plateia, e eu interpretei esse poema. Todo mundo aplaudiu, teve gente que chorou... Eu ainda era uma criança.

Rubem – Você se lembra do local onde foi o recital?

Elisa – Foi no Teatro Carlos Gomes, uma réplica do Teatro Scala de Milão. É algo fantástico, de grande imponência.

Rubem – Essa foi a primeira vez que você entrou em um teatro?

Elisa – Não! Esse era o maior teatro da cidade, onde eu costumava assistir a peças infantis e tudo o mais. Mas, para mim, o primeiro teatro em que pisei foi a casa de dona Maria Filina: aqueles tapetes vermelhos, aqueles lustres... O lugar me parecia um mundo encantado. Bem, mas essa história é engraçada porque minha mãe disse que havia gostado do recital, que tinha ficado orgulhosa... Meu pai elogiou: "Nossa, você estava linda, minha filha, muito linda!". Então, minha mãe criou coragem e, no outro dia, me disse: "Minha filha, eu gostei, mas você podia... Você é muito novinha, me apertou o coração ver você falando que não vai por ali... Podia falar de uma coisa mais assim... menos... Será que essa professora não tem uma poesia de bichinho, de cachorrinho? Você é uma criança!". Depois eu contei isso para a Maria Filina e ela concordou: "Sua mãe pode ter razão. Vamos decorar o poema de Carlos **Drummond de Andrade**, 'Cidadezinha qualquer'". Você se lembra dele, Rubem? É assim:

Casas entre bananeiras
mulheres entre laranjeiras
pomar amor cantar.

Um homem vai devagar.
Um cachorro vai devagar.
Um burro vai devagar.

Devagar... as janelas olham.

Eta vida besta, meu Deus.

    Só isso. Quando contei para minha mãe que no próximo recital iria interpretar esse poema, ela não gostou nem um pouco da ideia: "Não, é melhor o outro. O outro é mais animadinho".

Casa da palavra

Rubem – Agora me conte um pouco sobre sua vida no período escolar. Você se lembra de como era sua escola?

Elisa – Estudei em dois colégios de freiras: o Colégio Agostiniano e o São José. Comecei minha vida escolar num parque infantil maravilhoso! Depois desse parque, fui para a escola pública, onde estudei até o terceiro ano. O quarto ano já fiz no Colégio Agostiniano para poder cursar o ginásio e logo passei para o Colégio São José, pois meu pai mudou-se de Vitória para Vila Velha, que é uma cidade próxima. Meus pais eram pessoas esclarecidas (meu pai ainda é vivo); eles foram evoluindo, foram crescendo dentro do seu tempo. Isso fez muita diferença para mim. Meu pai levou a palavra para dentro de casa, de modo que minha casa era uma casa da palavra. Minha mãe cantava a poesia de Ary Barroso, Lupicínio Rodrigues, Dolores Duran... uma beleza!

Rubem – É seu pai que é negro?

Elisa – Meu pai e minha mãe são mulatos, filhos de branco com preto. Minha mãe era filha de índio com preto. Índio, negro e português: esse é o caldeirão, natural, né!? Minha avó, Eliza Lucinda – de quem herdei o nome – é... Posso falar uma coisa de que me lembrei sobre o nome? Como é incrível a palavra, ela tem o poder de evocar tanta coisa!

Minha mãe se casou com meu pai, que era um homem lindo, maravilhoso, quando ele estava com 28 anos – o filho lindo da minha avó. Na época era costume casar-se cedo, mas, como ele era um homem muito sedutor – como até hoje – e seus namoros não se convertiam logo em compromisso sério, as moças não queriam esse tipo de pretendente; por isso, ele ficou sustentando a família. Ele até chegou a se envolver mais seriamente com uma jovem da região, mas aí apareceu minha mãe, uma mineirinha, que o conquistou e eles acabaram se casando. Mamãe contava que, no dia do casamento, minha avó chorava muito, como se estivesse perdendo o filho, e dizia a ele: "Não faça essa besteira", e chorava! Não foi, portanto, um bom começo, porque elas não gostavam uma da outra. Depois isso mudou, com o tempo elas se tornaram boas amigas, mas no começo não se suportavam mesmo. Bem, eu sou a quarta filha. Minha mãe tinha escolhido os nomes dos três primeiros filhos. Quando chegou a quarta gravidez – e era eu que estava a caminho –, meu pai se manifestou: "Quero pedir uma coisa para você. Nesse neném, eu é que vou colocar o nome". Minha mãe retrucou: "E se for uma menina?". Ele respondeu: "Quero que se chame Eliza Lucinda, o nome da minha mãe". Minha mãe deve ter engolido a seco. Ela ainda fez uma tentativa: "Que tal Maria Elisa ou Ana Elisa?".

"Não", foi a resposta. Segundo ela, meu pai ficou irredutível. Assim, recebi o nome de minha avó.

Mas ocorreu uma coisa intrigante: passei toda a infância brigando quando escreviam meu nome com *z*. Um dia, na faculdade – eu tinha 20 anos! –, um professor me perguntou: "Eliza é com *z*, não é?". Respondi exaltada: "É com *S*!". Ele acenou para mim: "Calma, calma". Aí, reconhecendo o exagero de minha reação, disse: "Pesada eu, não?". Ele concordou: "Foi sim, mas tudo bem. É só tirar a perninha do *z*". Voltei para casa e logo fui contando para minha mãe o ocorrido. Na verdade, acho que passei a vida inteira me aborrecendo quando escreviam meu nome com *z*.

Foi então que ela me revelou toda essa história, completando: "Não teve jeito. Eu estava no hospital quando seu pai me disse: 'Você prometeu que desta vez eu iria escolher o nome dessa filha. Pois vou colocar nela o nome da minha mãe'". (Minha avó, de ascendência egípcia, era negra de olhos azuis.) Por fim, minha mãe se rendeu, mas com uma ressalva: "Está bem, mas vai ser Elisa com *s*".

Rubem – A concessão foi o *s*.

Elisa – Foi, porque o nome de minha avó era com *z*. E parece que eu guardei uma briga que nem era minha!

Rubem – Voltando à nossa conversa, Elisa, a escola era muito opressiva para você?

Elisa – Muito! Na minha casa havia livros de Monteiro **Lobato** e era um local privilegiado para ver e ler histórias. Outra coisa importante é que meu pai sempre foi muito criativo. Minha família era católica; minha casa, situada ao lado da igreja, por vezes hospedava padres. Assim, meus pais viam a escola como extensão da educação ministrada em casa, mas, ao mesmo tempo, meu pai era ligado ao socialismo, ao pessoal do **Brizola**, aos Grupos dos Onze[5] e não sei mais o quê. Essa era uma situação que eu não compreendia bem. Meu pai dizia: "Não se combate uma ideia com violência" – ele sempre gostou de um discurso –, "só se combate com outra ideia melhor". Cresci nesse ambiente. Mas, na escola, era a história da Igreja Católica e sua doutrina que eu não conseguia aceitar. Aquilo se contrapunha à orientação que recebia em casa. Como filha caçula, tive muito acesso a meu pai, que gostava de mim e era permissivo comigo. Ele me considerava muito parecida com ele e me autorizava muita coisa.

Outro aspecto que considero negativo é que a escola era só para meninas. Muito bagunceira, eu gostava de matar aula para ir à praia. Lembro-me de uma vez em especial: já tinha 15 anos e fazia o curso Normal. Eu e mais quatro colegas pulamos

---

5. Grupos dos Onze (G-11) ou Grupos dos Onze Companheiros eram "comandos nacionalistas", que foram formados em todo o Brasil em 1963, a mando do ex-governador gaúcho Leonel Brizola. Os G-11 seriam o embrião do Exército Popular de Libertação (EPL).

o muro da escola e fomos para a praia da Costa. Brincamos e cantamos na praia, e eu, distraída, de costas para o mar, não percebi a chegada de uma onda que veio e me molhou. Molhou minha *japona*, que era como a gente chamava uma espécie de jaqueta de *nylon*. Mais que depressa tirei a jaqueta e deixei-a secar; mais tarde, tornei a vesti-la e deu tudo certo. Quando fui para casa, minha mãe perguntou: "A aula foi boa?". Respondi que havia sido ótima. Ela questionou: "Aula de quê, Elisa?". Sem titubear, prossegui: "Ah, mãe, é muito bom estudar filosofia", e contei a aula do dia anterior como se fosse a daquele dia. Não economizei palavras. Quando terminei, ela disse: "É mesmo, filha? A informação que tenho é outra: que você estava na praia". Ainda com a roupa do colégio, rebati: "Que absurdo! Quem disse isso!?". "Ligaram do colégio avisando que um grupo de meninas havia fugido e que, infelizmente, minha filha estava entre elas". "Não acredito! Vão ter que provar", retruquei, enquanto ia tirando a jaqueta. E eis que dela caiu – claro! – um monte de areia no tapete.

Rubem – O Gilberto me disse alguma coisa sobre um episódio que ocorreu quando você ainda estava na escola, e que isso a levou depois a escrever um texto. Como foi essa história?

Elisa – De fato. Foi uma história envolvendo uma freira linda, professora de canto. Sua matéria se chamava "Educação para a vida", e eu já vinha enfrentando alguns problemas nessa aula. Um dia, ela abordou o tema da mão-boba. Primeiro escreveu "mão-boba" no quadro; em seguida virou-se para a classe, constituída de meninas adolescentes de 12 anos mais ou menos, e disse: "Tomem cuidado! Quando a mamãe de vocês vai comprar tomate, qual é o tomate que a mamãe compra? Aquele que fica na porta da mercearia, que foi apalpado por todo mundo e está todo amassado, ou aquele que está dentro da caixinha e que não foi tocado por ninguém?". Todo mundo respondeu: "O da caixinha". "Isso mesmo. Assim são os seios de vocês". Então opinei: "Mas, irmã, não acho que meus peitos são mercadoria". Mal disse isso, ela me mandou para fora da sala, prometendo que depois conversaria comigo, pois alegou que eu estava sempre atrapalhando sua aula e por isso pretendia conversar com meus pais. Realmente o colégio chamou meu pai e minha mãe, comunicou-lhes que eu estava sempre criando problema e que estaria suspensa por três dias. Era muito rígido. Eu havia sido suspensa em outra ocasião porque tinha entrado na clausura – que era um lugar proibido – e, ao chegar lá, tinha encontrado as irmãs jogando baralho, bebendo vinho, além de ter descoberto que a irmã Margarita era careca. Nunca teria imaginado isso; que coisa estranha! Mas a clausura é uma coisa atraente, porque, sendo proibida, dá vontade de ver mesmo.

Bem, com esses antecedentes, aconteceu que tive outra aula de "Educação para a vida" logo após o retiro espiritual.

Aí perguntei: "Irmã, você é igualzinha à gente? Somos todas iguais, a senhora que é irmã e nós meninas aqui? Deus fez tudo, inclusive o sexo, igual?". Ela respondeu que sim. Continuei: "Vocês sentem tudo o que a gente sente?". "Sentimos", ela assentiu. "Vocês não se masturbam?", perguntei ainda. Aí ela mudou o tom: "Quero ter uma conversa franca com você". Fui para a sala dela e fiquei esperando (eu já ficava até à vontade naquela sala, de tão acostumada que estava!).

Aqui abro um parêntese. Quando eu chegava em casa e contava o que havia acontecido, meu pai me dizia: "Minha filha, outra suspensão? O que aconteceu desta vez?". "Ah, papai, é porque eu perguntei..." "Não pergunte, minha filha, não pergunte!". Era muito engraçado, mas desagradável ao mesmo tempo, porque eu gostava de ir para a aula, gostava daquela sociedade de alunos. Fecho aqui o parêntese.

Ela veio a meu encontro em sua sala e, muito bonita, muito paciente, com aqueles olhos azuis inesquecíveis, disse: "Elisa, deixe-me lhe explicar uma coisa: sentimos tudo o que vocês sentem, é verdade, mas transformamos isso. Tudo o que sentimos, nós guardamos e oferecemos ao nosso noivo, que é Jesus Cristo". E, mostrando uma aliança que era um crucifixo e parecia ouro, reiterou: "Somos noivas dele". Não entendi aquilo: "Nós?". "Sim, nós todas somos noivas". "Todas? Mas como?". E continuei: "Irmã, minha irmã tem um noivo e ele vem a nossa casa toda quarta, sábado e domingo. Como é que vocês podem ser noivas de alguém que nunca encontram?". Ela respondeu: "Mas aí é que está. Quando nós morrermos, nasceremos para a vida eterna e então vamos viver todas em comunhão com o nosso noivo". "Mas e se não houver vida eterna?", perguntei. "Nem brinque, Elisinha, nem brinque". E foi assim. Essa história é muito boa mesmo. Tempos depois, muito mais tarde, encontrei-a na praia, no Rio de Janeiro: "Você, e de maiô?". Achei ótimo. Perguntei a ela: "Irmã, o noivo não veio, não é?". Ela riu...

Rubem – E o que você fez dessa história depois? Ela é ótima! Podia virar conto, poesia...

Elisa – Claro! Escrevi um conto – que, aliás, estou precisando reajeitar. Contei essa história da mão-boba. Na verdade, é a história da chamada "Educação para a vida", porque eu achava que receber esse tipo de orientação daquelas mulheres que viviam tão fora do mundo era algo muito contraditório. Até hoje penso assim.

Poesia: Uma experiência de libertação

Rubem – E depois, Elisa? Quando você começa a escrever poesias? Como essas experiências da adolescência se transformaram em palavras?

Elisa – Nessa época eu ainda não escrevia poesia. Adorava redação e escrevia muito bem, embora não tivesse consciência disso. A escola mandou chamar meu pai e minha mãe para incentivá-los a prestar atenção no meu texto, alegando que eu tinha muita facilidade para escrever e que era excelente aluna de português. Meu pai era professor de português e latim. Já aos oito anos, às vezes eu o acompanhava e assistia às suas aulas à noite. Eu gostava muito daquelas aulas – fui aprendendo muita coisa de etimologia assim. Meu pai ensinava os filhos em casa também, na prática. Eu dizia: "Ai, nesse calor eu 'soo'!"; e ele replicava: "Eu ouvi você soando *blém-blém*". Com isso, eu não esquecia mais que o correto era *suar* e não *soar*.

Rubem – Você disse que gostava de poesia. Quais os poetas que a encantavam nessa época? De quais poesias você gostava mais?

Elisa – Olavo **Bilac**, Drummond, os modernos... Fui levada a conhecer os modernistas brasileiros. Manuel **Bandeira**, por exemplo, não estava entre meus preferidos, eu só gostava de suas poesias mais divertidas. Quanto a Fernando **Pessoa**, eu o adorava, logo aprendi muita coisa dele.

Rubem – De que poesia de Olavo Bilac você mais gostava?

Elisa – Gostava de "Pássaro cativo". Só fui me lembrar disso por ocasião do aniversário de 40 anos do colégio de freiras onde eu havia estudado, porque fui convidada para fazer um recital lá. Naquele momento, eu já era uma pessoa conhecida, com uma carreira sólida no Rio de Janeiro.

Quando cheguei, para minha surpresa, tudo estava igualzinho! O mesmo pátio... Eu nunca mais tinha voltado lá (isso já faz oito anos). Lembro que, à tarde, passei pelo colégio com meu produtor, o David, e ele perguntou: "Foi aqui que você estudou, Elisa?". Confirmei. Ele comentou: "Que loucura! Veja só como é a vida: hoje você vai se apresentar aqui". Olhando aquele cenário, eu quase podia ver a imagem: a turma toda em fila e eu recitando "Pássaro cativo". Nunca mais, desde meus oito anos, tinha declamado o poema:

Armas, num galho de árvore, o alçapão;
E, em breve, uma avezinha descuidada,
Batendo as asas cai na escravidão.
Dás-lhe então, por esplêndida morada,

A gaiola dourada;
Dás-lhe alpiste, e água fresca, e ovos, e tudo:
Por que é que, tendo tudo, há de ficar
O passarinho mudo,
Arrepiado e triste, sem cantar?

É que, crença, os pássaros não falam.
Só gorjeando a sua dor exalam,
Sem que os homens os possam entender;
Se os pássaros falassem,
Talvez os teus ouvidos escutassem
Este cativo pássaro dizer:

"Não quero o teu alpiste!
Gosto mais do alimento que procuro
Na mata livre em que a voar me viste;
Tenho água fresca num recanto escuro
Da selva em que nasci;
Da mata entre os verdores,
Tenho frutos e flores,
Sem precisar de ti!
Não quero a tua esplêndida gaiola!
Pois nenhuma riqueza me consola
De haver perdido aquilo que perdi...
Prefiro o ninho humilde, construído
De folhas secas, plácido, e escondido
Entre os galhos das árvores amigas...
Solta-me ao vento e ao sol!

Com que direito à escravidão me obrigas?
Quero saudar as pompas do arrebol!
Quero, ao cair da tarde,
Entoar minhas tristíssimas cantigas!
Por que me prendes? Solta-me, covarde!
Deus me deu por gaiola a imensidade:
Não me roubes a minha liberdade...
Quero voar! voar!..."

Estas cousas o pássaro diria,
Se pudesse falar.
E a tua alma, criança, tremeria,
Vendo tanta aflição:
E a tua mão, tremendo, lhe abriria
A porta da prisão...

Rubem – E porque você gosta tanto desse poema?

Elisa – Porque achava que o pássaro era eu! Sentia identificação com o pássaro, com o seu eu, e acho que esse poema tem uma função de libertação. Ele chama a criança a uma reflexão sobre a liberdade.

Rubem – Isso é interessante. A gente se apaixona por uma imagem, pela imagem construída – seja de uma coisa, seja de uma pessoa.

Acho que talvez a poesia *descubra* uma imagem. Estou me lembrando agora do livro *A insustentável leveza do ser*, de

Milan **Kundera**, que conta a história de Tomás e Teresa. O Tomás gostava de todas as mulheres, mas não amava ninguém; mas houve um incidente e apareceu na casa dele a tal de Teresa. Ele não permitia jamais que uma amante dormisse na casa dele. Não queria amor, só sexo. Mas a Teresa chegou doente. Ele não pôde fazer uma orgia sexual com ela, mas teve uma imagem: ele a via doente, indefesa, febril. Era a imagem de uma criança que estava chegando a ele num cestinho de vime – uma imagem lá do Velho Testamento, do Moisés. Assim, ele se apaixonou pela Teresa porque a identificou com a criança que estava no cesto de vime. Mas de onde veio essa imagem do cesto de vime nas águas? Não foi criada na hora; ela já estava dormindo dentro dele. E isso é muito verdadeiro na experiência amorosa.

Fernando Pessoa escreveu a declaração de amor mais bonita e profunda que conheço:

> *Quando te vi, amei-te já muito antes.*
> *Tornei a achar-te quando te encontrei.*[6]

Veja, é uma coisa esquisita, há aí uma sintaxe atrapalhada: "Quando te vi, amei-te já muito antes". O que ele

---

6. Em *Obra poética*. *Primeiro Fausto*, terceiro tema, "A falência do prazer e do amor", XXI.

está dizendo é "eu já amava você numa imagem que morava em mim, de modo que encontrar com você não foi encontrar com você, mas reencontrar com a coisa que eu já amava". Essa é a experiência poética por excelência: repentinamente ela revela uma imagem que já existia em nós.

Isso também vale para a música. Por exemplo, nós nos comovemos com uma música. Uma boa explicação disso vem dos gregos, de **Platão**. Não nos sentimos tocados porque a música seja bela. O que faz com que ela tenha tal efeito sobre nós é que, na verdade, ela já existe dentro da pessoa. O que o artista faz é apenas tocar para que a Bela Adormecida que há dentro de nós ressoe.

Voltando à questão da imagem. A gente capta aquela imagem e, de alguma maneira, é um pedaço da alma da gente. É por isso que é uma experiência não de conhecer, mas de *reconhecer*. A pessoa não se encontra, se reencontra, o que é uma das coisas fantásticas da poesia. Veja, por exemplo, o caso da propaganda. Os profissionais dos comerciais trabalham com imagens – justamente as imagens que moram nas pessoas. Eles relacionam determinada imagem ao produto e, assim, a pessoa compra o produto não pelo que é, mas pela imagem que evoca no indivíduo.

Elisa – Para isso, colocam aquela mulher loira no carro...

Rubem – Aliás, já que você falou em carro, lembrei-me da propaganda de um carro, numa revista, que ocupava uma página inteira, com a seguinte imagem: um conversível vermelho num bosque. O que chamava a atenção é que o conversível estava com as duas portas abertas. Por quê? Porque a força não estava naquela obra de arte, mas no que ela fazia pensar. Se ela mostrasse só a porta do lado do motorista aberta, a pessoa poderia supor que o motorista saiu do carro por qualquer motivo banal. Mas se as duas portas aparecem abertas, onde estarão as pessoas? A força não está no que é dito. O mesmo acontece com a poesia: sua força não está no que é dito. Fernando Pessoa tem um poema que diz assim (ele está se dirigindo a um poeta que, nesse caso, acho que é ele mesmo):

Cessa o teu canto!
Cessa, que, enquanto
O ouvi, ouvia
Uma outra voz
Como que vindo
Nos interstícios
Do brando encanto
Com que o teu canto
Vinha até nós.

Ouvi-te e ouvi-a
No mesmo tempo
E diferentes
Juntas cantar.

> *E a melodia*
> *Que não havia,*
> *Se agora a lembro,*
> *Faz-me chorar.*[7]

Quer dizer, a força do poema não está tanto em sua palavra, mas no espaço que ele abre para que haja uma outra palavra, ou seja, a sua própria palavra que entra no poema. Então é como se o poema desse estruturação à sua própria fantasia de beleza.

Elisa – Própria do indivíduo ou do poema?

Rubem – As duas coisas. É minha e é do outro também. Por exemplo, vou contar para você uma história que aconteceu comigo. Não costumo escutar música enquanto trabalho ou escrevo, porque, para mim, a música é muito forte e faz com que eu pare de pensar. Mas um dia, antes de minhas atividades, coloquei um CD do César **Franck**, de quem gosto muito. Era uma sonata para violino e piano que eu ainda não tinha ouvido. Comecei a trabalhar. Dali a pouco, estava chorando. Mas chorando por quê? Filosofei: por que estou chorando? Porque é bonito. Mas o que é bonito? Retomando a ideia de que falei há pouco, tive de ir aos gregos e consultar Platão para encontrar

---

7. *Obra poética. Cancioneiro* [181].

a resposta. Platão acreditava que, antes de nascermos, já vimos todas as coisas belas do mundo. Estão todas dentro de nós, mas nos esquecemos delas quando nascemos – entretanto, elas continuam lá, adormecidas, daí a história da Bela Adormecida. Todos têm essas imagens. Os artistas, porém – e isto aqui é minha contribuição, não é de Platão –, são anjos que têm acesso a essas imagens. Quando os músicos e os poetas criam suas obras de arte, elas fazem reverberar dentro de nós aquela imagem adormecida; é nesse momento, então, que sentimos a beleza e choramos. Assim, quando ouço César Franck, não é ele; sou eu. Aquela melodia sou eu. Daí a minha ligação com a imagem poética. Não sei se ficou claro.

Elisa – Ficou claro, sim. Até estava pensando na palavra *poesia*, do grego *poiesis*, que significa "ação de fazer alguma coisa". Escrevi uma poesia chamada "Lembrancinha do tempo", em que procuro contar o que a poesia faz comigo, o que representa na minha vida. Vamos a ela:

Desde pequena,
a poesia escolheu meu coração.
Através de sua inconfundível mão,
colheu-o e o fez
se certificando da oportunidade
e da profundeza da ocasião.
Como era um coração ainda raso,

de criança que se deixa fácil levar pela mão,
sabia ela que o que era fina superfície clara até então
seria um dia o fundo misterioso do porão.
Desde menina,
a poesia fala ao meu coração.
Escuto sua prosa,
quase toda em verso,
escuto-a como se fosse ainda miúda e depois,
só depois, é que dou minha opinião.
Desconfio que minha mãe me entregou a ela.
A suspeita, a desconfiança pode ter sido fato,
se a mão materna, que já aos onze
me levou à aula de declamação,
não for de minha memória uma delicada ilusão.
Desde pirralha e sapeca,
a poesia, esperta, me chama ao quintal;
me sequestra apontando ao meu olho o crepúsculo,
fazendo-me reparar dentro
da paisagem graúda
o sutil detalhe do minúsculo.
Distingue pra mim a figura do seu fundo,
o retrato de sua moldura
e me deu muito cedo a
loucura de amar as tardes com devoção.
Talvez por isso eu me
entrelace desesperada às saias dos acontecimentos,
me abrace, me embarace às suas pernas
almejando detê-los em mim,

querendo fixá-los porque sei que passarão.
A poesia que desde sempre, desde guria,
desde quando analfabeta das letras ainda eu era, me frequenta,
faz com que eu escreva
pra trazer lembrança de cada instante.
Assim, até hoje ela me tenta e se tornou
um jeito de eu fazer durar o durante,
de eu esticar o enquanto da vida
e fazer perdurar o seu momento.
Desse encontro eu trago um verso como
um chaveirinho trazido dum passeio a uma praia turista,
um postal vindo de um museu renascentista,
um artesanato de uma bucólica vila,
uma fotografia gótica de uma arquitetura de convento,
uma xicrinha,
um pratinho com data e nome do estado daquele sentimento.
Ah, é isso a poesia:
um souvenir *moderno,*
um souvenir *eterno do tempo.*

Rubem – Nossa, bom demais! Isso fez com que eu me lembrasse do poeta Manoel de **Barros**: "As coisas que não existem são mais bonitas". O poeta cria um mundo que não existe. O mundo da poesia é... diferente. Construo um mundo diferente e, quando entro nele, vivo uma experiência religiosa de transcendência. Entro num mundo que não é o do cotidiano, mas que está aí, presente, e só a poesia o torna sensível.

Elisa – Penso que existe um tecido onírico, um tecido de sonho que a poesia guarda para mim. Aprendi com minha mestra uma lição inesquecível que sempre ensino a meus alunos: esqueçam esse negócio de ficar marcando as rimas. Não é preciso grifar que "coração" rima com "botão"! Isso é a partitura, vai soar. Digo para que tratem de se preocupar com a historinha que eles vão contar. O que tem ali dentro?

Veja este pequeno poema de Manuel Bandeira, "Irene no céu", que minha professora nos mostrou:

Irene preta
Irene boa
Irene sempre de bom humor.

Imagino Irene entrando no céu:
– Licença, meu branco!
E são Pedro bonachão:
– Entra, Irene. Você não precisa pedir licença.

Esse era o poema. Desse tamanhinho. Então, a professora comentou: "Tem céu, tem são Pedro, tem eu – o narrador – e tem a Irene. Um poema de quatro linhas, com quatro personagens, com cenário". Ela me ensinou que ali havia uma historinha. Isso me animava, sempre gostei das palavras. Monteiro Lobato foi importante para mim principalmente por causa disso. Eu achava que *Emília no país da gramática* era eu. Sempre gostei daquilo que eu entendia, por isso nunca fui boa aluna em matemática. Não compreendia matemática, não sabia o que era logaritmo. Logaritmo é o quê? Não conseguia compreender. Já na gramática havia clareza: "o sujeito é o senhor da ação". Quer coisa mais clara do que isso? O objeto direto, o objeto indireto, uma oração subordinada à outra – sempre achei tudo isso lindo, sabe? Eu gostava e compreendia as coisas. Aquilo chegava até mim. A ideia de sujeito. Ou, por exemplo, uma oração sem sujeito – que coisa fascinante: "Chove". Pronto. Sem sujeito. Veja que oração mais linda!

E, quando eu soube que a poesia me levava a um mundo mágico por meio das palavras que estavam ali, como se fosse uma ponte, um portal, fiquei maravilhada. Minha professora me ensinou isso, que existia uma historinha dentro de cada poema. Quando vou falar com meus alunos, digo: "Primeiro, vocês vão escolher o poema que querem decorar. Escolham um poema de que vocês gostem, não porque é pequeno nem porque é fácil". Na verdade, pensamos ter escolhido um poema por acaso, mas não é bem assim. Ele tem alguma coisa que nos revela, tem um quê de oráculo. E continuo: "Se vocês descobrirem que sentem afeto por ele, se isso vier como uma revelação, vocês vão querer ter esse poema dentro de si. Vivam essa experiência, deixem-se envolver pelo poema". É assim que ensino a decorar: o poema vai morar na memória da gente. A memória é única: sem ela não existe passado, não existe cultura nem nada.

Recorro à imagem. Há um poema de Drummond que adoro, cheio de imagens, chamado "Lembrança do mundo antigo". Depois vou recitá-lo todo, mas agora quero comentar apenas uma frase: quando digo "Clara passeava no jardim com as crianças", isso é ação, isso é Telecine Action, é cinema. Eu vejo. E se vejo que "Clara passeava no jardim", a possibilidade de eu dizer que "Clara passeava no asfalto" é nenhuma. Estou vendo a Clara no jardim pela manhã, sabe? Acontece, às vezes, de o aluno reclamar: "Não sei, não consigo decorar". Digo: "Calma! Vamos lá, quem passeava? Não lembra o nome da menina? É Mônica?". "Não, não. É Clara." "Clara fazia o quê?" "Passeava." "Onde?" "Hmmmm..." Ele fica nervoso. Acho que há mais problema de foco do que de memória. A pessoa não fica totalmente entregue àquela imagem a ponto de vê-la. E se começar a vê-la, como é que vai olhar para um pão e dizer "madeira"?

Rubem – Exatamente: é importante destacar que a poesia não é para ser entendida, é para ser vista. O poeta é uma pessoa que pinta com palavras. Por exemplo, o que Drummond fez com essa frase foi um quadro, poderia ser transformado numa pintura.

Elisa – É, mas é um quadro com movimento e vira cinema, por isso muitas vezes se parece com um sonho.

Rubem – Veja, por exemplo, os haicais. Quando dizemos para as pessoas: "Vou apresentar um haicai", trata-se de uma composição tão pequenina que, quando terminamos de ler, geralmente elas ficam meio abobalhadas e se perguntam: "O que é isso, o que quer dizer?". O haicai não é para ser entendido. É necessário ver que o poeta é um pintor, e ele pintou uma cena mínima. Isso é uma coisa que as pessoas não entendem. Aliás, Octavio **Paz**, em um de seus livros, comenta que a poesia não é para ser interpretada. Acho que interpretar poesias é um desaforo.

Elisa – Essa interpretação a que você se refere é aquela ensinada no colégio?

Rubem – É, essa mesma. Não se trata de interpretação poética, porque essa é uma coisa completamente diferente. Geralmente faço uma brincadeira e cito três linhas de um poema da Cecília Meireles: "No fundo desta fria luz marinha, como dois baços peixes, nadam meus olhos à minha procura...". Esse aqui é meio obscuro. "Vamos interpretar". E a interpretação começa com a seguinte pergunta: "O que é que o escritor queria dizer?". Mas, quando faço essa pergunta, estou afirmando que ele queria dizer mas não conseguiu, então estou insinuando que o escritor era linguisticamente incompetente e que eu, professor, com os auxílios da hermenêutica e da gramática, vou dizer a verdade. Mas não é isso. Você não pode fazer a interpretação. Octavio Paz diz: o poema não é para ser interpretado, é para ser recriado. O leitor não interpreta, inventa outro poema a partir dessa imagem. Pensando na imagem de *Clara*, o que você escreveria? Como seria seu poema sobre a Clara? A gente faz um exercício da poesia gerando poesia e não tentando decifrar aquilo que nem Cecília Meireles sabia que queria dizer.

Elisa – É verdade. Então, voltando ao poema de Drummond, ele é assim:

> *Clara passeava no jardim com as crianças.*
> *O céu era verde sobre o gramado,*
> *a água era dourada sob as pontes,*
> *outros elementos eram azuis, róseos, alaranjados,*
> *o guarda-civil sorria, passavam bicicletas,*
> *a menina pisou a relva para pegar um pássaro,*
> *o mundo inteiro, a Alemanha, a China, tudo era tranquilo em*
> *redor de Clara.*
>
> *As crianças olhavam para o céu: não era proibido.*
> *A boca, o nariz, os olhos estavam abertos. Não havia perigo.*
> *Os perigos que Clara temia eram a gripe, o calor, os insetos.*
> *Clara tinha medo de perder o bonde das 11 horas,*
> *esperava cartas que custavam a chegar,*
> *nem sempre podia usar vestido novo. Mas passeava no jardim,*
> *pela manhã!!!*
> *Havia jardins, havia manhãs naquele tempo!!!*

A educação do olhar

Elisa – Um dia estava na minha casinha em Itaúnas, no Espírito Santo, que é um capítulo à parte. É um lugar para escrever poesia. Até escrevi "Ali, poesia é mato". É impressionante. O local renova meu olho de tal maneira que fico uma pessoa quase chata, compulsiva para o verso.

Rubem – Você disse uma coisa muito importante, que poesia é para renovar o olho. E isso aí é uma coisa muito séria. Porque, quando você tem a poesia, você começa a ver as coisas de maneira diferente. Tenho até uma história que posso contar para você. Eu era psicanalista...

Elisa – Existe "ex"?

Rubem – Digamos que não exerço mais o ofício. Enfim, um dia, chegou uma paciente. Ela se sentou e disse: "Acho que estou ficando louca". Fiquei quieto. Ela passou a explicar sua loucura: "Gosto muito de cozinhar para meus amigos. Corto cebola, corto tomate, já cortei centenas de cebolas, de tomates, mas por estes dias aconteceu uma coisa que me deixou muito perturbada. Cortei uma cebola, olhei para ela e me espantei. Percebi que nunca tinha visto uma cebola, porque, sempre que olhava para ela, pensava no molho. E quando olhei para aquela cebola, pensei num vitral de uma catedral gótica: a cebola maravilhosa com aqueles anéis perfeitos, certinhos, e, conforme a luz que incidia sobre ela, brilhava. Era um vitral! Acho que estou louca".

Aí me levantei, fui até a estante, peguei um livro do **Neruda**, *Odes elementais*. Ele tem um poema em que chama a cebola de "rosa de água com escamas de cristal". Depois de ler esse poema, a gente nunca mais vai olhar para cebola do mesmo jeito. Disse a ela: "Você não está louca. Você se revelou poeta".

É a questão do novo olhar. A poesia ensina você a ter olhos para as coisas. Isso significa que uma criança que lê uma poesia e gosta vai ter olhos para o mundo e vai ser um grande aprendiz. De onde se conclui que a poesia pode ser tão importante para uma criança quanto a matemática ou a química. Isso é absolutamente claro e tem a ver com uma parte importantíssima da educação que não existe nas escolas, que é a educação da sensibilidade, a educação dos sentidos. Como se educam os sentidos? Alberto Caeiro[8] escreveu sobre isso: não basta ter olhos para ver as árvores e as montanhas.

---

8. Considerado o mestre de todos os heterônimos de Fernando Pessoa. Segundo seu criador, Caeiro nasceu em Lisboa, mas viveu sempre no campo, sem instrução nem profissão. Escreve em linguagem simples, com vocabulário limitado de um camponês pouco ilustrado. Caracteriza-se por um realismo sensorial e rejeita os rebuscamentos simbolistas.

É preciso ter uma outra coisa, é preciso ter um olhar, e esse olhar diferente quem dá é a poesia. Quando Tomás se apaixonou pela Teresa, seu olhar para ela ficou diferente, porque ele passou a ver coisas que não tinha visto até então. É como se, usando a palavra bíblica, a poesia executasse o milagre de abrir os olhos dos cegos: você vê coisas diferentes.[9]

Elisa – Fiquei muito impressionada com a história da cebola, fiquei toda emocionada... Mas você falou sobre a necessidade de educar os sentidos, e acho que a escola realmente não faz isso.

Rubem – Não, não faz mesmo. Sabe, na minha teoria de educação, faço uma brincadeira metafórica. Digo que o corpo carrega duas caixas. Na mão direita, carrega a caixa das ferramentas e, na esquerda, a caixa dos brinquedos. O que são ferramentas? São objetos úteis para fazer coisas. Todos os objetos – a palavra, a agulha, a caneta, o computador, a lâmpada – são ferramentas porque servem para fazer alguma coisa. E tudo isso é absolutamente essencial, porque são meios de vida. Inspirei-me, nessa questão, em santo **Agostinho**, que disse mais ou menos a mesma coisa, só que de maneira mais filosófica, sem falar em caixa de fer-

---

9. Referência a trechos bíblicos que narram curas de cegos: cf. Mateus 9, 27-31; Marcos 8, 22-26; Lucas 18, 35-43; João 9.

ramentas, evidentemente. Todas essas coisas que são meios de vida não nos dão felicidade. Ninguém fica feliz com um copo, por exemplo. Onde está a felicidade? Está na caixa de brinquedos que a mão esquerda, a mão do coração, carrega. O que são brinquedos? São objetos que não servem para nada. Uma pipa, um pião ou um quebra-cabeça não servem para absolutamente nada. Então a pergunta é: por que o ser humano gasta seu tempo com coisas que não servem para nada? A razão é muito simples: porque elas lhe dão alegria. Essa é a educação para a alegria. A outra educação, a da caixa de ferramentas, é a educação para as mãos, para a gente fazer coisas. Mas a educação para a alegria é a educação para a alma, porque aquilo entra dentro da gente. Poesia é um brinquedo, porque não serve para nada.

Elisa – Você sabe que o Manoel de Barros...

Rubem – Ah, ele procurava o abrinquedamento das palavras!

Elisa – É verdade. Mas o que quero contar é que ele, pertencendo a uma família de fazendeiros, costumava dizer que ele não servia para nada, porque, com frequência, ouvia de todo mundo a frase: "Esse menino não serve para nada". Um dia, ele encontrou uma obra de padre Antônio Vieira composta apenas de frases, e assim descobriu que ele era isto: um escritor de frases. Pegou então um caderno e o encheu de frases também. "Papai, descobri para que eu sirvo", disse ele ao pai – e leu aquele monte de frases. E o pai concluiu: "Pronto, já sabemos para que esse menino serve: não serve para nada". Foi assim que nasceu o título do *Livro sobre nada*. Ele me contou essa história que achei genial, porque, a princípio, considera-se a poesia inútil e ela é de uma utilidade fantástica.

Mas, voltando à história que ia contar, quando cheguei à minha casa em Itaúnas, escrevi um poema. Minha amiga Jandira Feghali, deputada federal pelo PC do B e candidata à prefeitura do Rio de Janeiro nas eleições de 2008, ligou dizendo que se sentia atrapalhada, pois acabara de se separar e não sei mais o quê. Não resisti e perguntei se ela gostaria de ouvir o poema que tinha acabado de escrever. Prontamente ouvi: "Quero". Li então este poema para ela, "Dentro do instante":

Um assobio distraído entra alegre pela porta aberta da frente da casa.
A doce asa de uma discretíssima alegria viaja no sopro do vento, pousando, inevitável, sobre tudo, a sua inocência livre,
de modo a dar qualidade lírica à tarde.
É Gilberto o dono do bico do assobio.
É Gilberto jardineiro labutando satisfeito com o rastelo
a cuidar do lixo mais bonito do mundo;
são folhas amarelas juntadas à mistura do púrpura, do chá,
do lilás e do mostarda das flores das buganvílias.

*Um lixo seco,
um lixo limpo e belo,
como uma tela de natureza viva.*

*Ainda com o novo outubro engatinhando em seu segundo dia de vida,
cheguei e já encontrei as pitangueiras vibrando em seu verme-
 lho-alaranjado de plenitude,
pendendo para a terra as ramagens,
dobrando com bondade materna seus magros corpos.
O peso evidente da fartura dos frutos faz o seu serviço.
A mangueira, tão pequena,
parecendo aquelas mulheres baixinhas,
que a gente, olhando rápido, pensa que é adolescente.
Uma mangueira praticamente anã para uma árvore deste clã,
é pouco mais alta que eu e já florida de filhas.
Ninguém sabe quem nem como foi.
Amanhecera repleta de perfumosa manga-espada que nem
 um São Jorge verdadeiro.
Por falar nisso, Pirata e Jorge estão uns rapazes lindos!
 São frutos também.
Pérola e Flora, as mães, se aninham com eles ao pé da escada
 que vai pro meu quarto.
Formam uma quentinha tribo canina
fazendo, sem esforço, parte da família.
Está frio apesar desta primavera toda
que grita a chegada de sua estação pelos quatro cantos
 dos lados geográficos de cá.
Aponto, com uma calma euforia-menina, quase escolar,*

*dezenas de lápis de cor diante do caderno, que espera,
confiante, a mágica do desenho.*

*Entre-ato, meus dedos deslizam nos novelos dos cabelos e
   encontram
alguma flor de caju caída do
grávido cajueiro guardião, que tá brotado que tá danado!
Perto dali, escuta-se bem,
um rio, umas dunas e um mar tomam banho de chuva e eu
vejo muita justiça nisso.*

*Tudo isso cabe dentro de uma tarde e dentro do meu coração.
Veja o quanto um instante é imenso:
Isso é um poema e é ao mesmo tempo,
o retrato do que eu penso!*

Rubem – Lindo! É impressionante a quantidade de coisas que se pode ver na leitura desse poema. É por isso que eu dizia que a poesia faz ver.

Elisa – E aí, sabe o que aconteceu? Lá do Rio de Janeiro, a Jandira disse assim: "Ah, Elisa, como eu estava precisada de um lugar desses. Ai que bom! Parece que estou aí". Ela percebeu que aquilo lhe fazia bem. Ela não estava lá fisicamente, mas esteve naquele lugar por intermédio do poema. E continuou: "Parecia que eu estava chegando aí. Sabe, quando você está entrando numa fazenda?". Ela falou com tanta verdade, chorando: "Ai, estou muito tumultuada, muito urbana... como eu estava precisada disso. Muito obrigada".

Acho que este é o grande erro da escola: não reconhecer na poesia esse poder. Se reconhecesse, quem é que se negaria a aprendê-la? Como professora comum de colégio (essa foi minha primeira profissão, com 16 anos comecei a dar aula), habituada a sempre falar poesia, eu fazia uso dela para chamar a atenção dos alunos. Em vez de levantar a voz com um "ei!", eu entrava falando um poema.

Talvez hoje já se faça isso, e acho que é um diferencial, um jeito de se tornar uma pessoa interessante. É claro que nunca dei atenção a professor chato nem a livro chato. Não me merecem. Eu, que sou uma pessoa tão animada, tão interessada, se não consigo ler determinado livro é porque ele se mostrou incompetente, incapaz de me seduzir para querer continuar até a próxima página.

Rubem – Sabe, Elisa, fui visitar uma escola em Portugal, a Escola da Ponte. Lá não tem professor dando aula, não tem campainha separando as aulas, não tem nota nem reprovação. Andando pela escola, vi um escrito: "Direitos dos alunos em relação aos livros". Pois o primeiro direito me chocou tanto, achei tão maravilhoso, que não li os outros. Era o seguinte: "Toda pessoa tem o direito de não ler o livro de que não gosta". Isso é absolutamente essencial. Porque, quando se obriga alguém a ler um livro – o que se faz muito na escola –, qual é o resultado disso? Pode ser até que a pessoa leia o livro, mas vai ficar odiando a literatura. A expressão *ter de* não se aplica nem à literatura nem à poesia. Ninguém pode ler obrigado. Volto aqui a reforçar a importância de que a escola trabalhe com a educação para os sentidos.

Elisa – É a educação do olhar, não é?

Rubem – Já que você mencionou o olhar... Tenho em casa a reprodução de um quadro de Johannes **Vermeer** que me impressiona muito. Chama-se *Mulher de azul lendo uma carta*. Uma pessoa que tem olhos, mas não enxerga nada, pode olhar e pensar: "Que bonito, ele pinta tão bem, há tantos detalhes...". Mas, veja, o quadro é assim: uma mulher de perfil, grávida de uns sete meses, bata azul, segura nas mãos uma carta; uma luz vem lá de cima e no fundo há uma parede com o mapa-múndi.

Pois bem, quando se contempla esse quadro, se o olho é educado, percebe que há uma pergunta ali: "De quem é a carta?". Há um mistério a ser decifrado. E pode-se observar uma coisa estranha: na parede do fundo vê-se um mapa-múndi. É estranho pensar que ela colocou aquele mapa para decorar o ambiente. Então, a gente começa a imaginar que só um navegador teria um mapa-múndi. A gente entra na fantasia e vai construindo o resto da cena, vai imaginando: é uma carta do marido, um navegador que partiu, está longe, nem sabe que ela está grávida; ela, por sua vez, não sabe se ele está vivo, porque aquela carta deve ter levado meses para chegar. Há um drama naquela carta, porque tudo o que está escrito ali pode ser completamente sem sentido, pois ela sabe que faz parte do passado. Pode-se sentir o drama: ela agarra a carta, mas aquilo não tem realidade. Assim se começa a perceber o sentido fantástico e poético da carta. **Goethe**, no livro *Os sofrimentos do jovem Werther*, escreve uma carta para a amante e diz algo assim: "Minha querida, tudo que estou escrevendo nesta carta você já sabe, de modo que não tem importância; mas sei que esta folha de papel que está sendo tocada por minha mão vai ser tocada também pela sua". Então, o sentido da carta não é dar a notícia, mas é um sentido mágico, como se por magia, por contágio, o papel da carta ficasse impregnado do corpo de um para poder chegar ao outro, ser tocado pelo outro... É por isso que muita gente pega a carta e a coloca debaixo do travesseiro, ou passa a carta no rosto: porque deseja um contato físico.

Elisa – Traz a memória do remetente.

Rubem – É verdade. E não só a memória, traz a presença. Presentifica.

Voltando, mais uma vez, ao tema da educação dos sentidos, a pessoa terá mais condições para saborear a arte, a vida, se puder educar seu ouvido, seu olhar, sua capacidade de se emocionar... A escola precisa se preocupar com a felicidade dos alunos. Fernando Pessoa tem um versinho...

Elisa – Manuel Bandeira também tem:

A arte é uma fada que transmuta
e transfigura o mau destino.
Prova. Olha. Toca. Cheira. Escuta.
Cada sentido é um dom divino.[10]

Rubem – O do Alberto Caeiro é assim:

Outras vezes ouço passar o vento,
e acho que só para ouvir passar o vento vale a pena ter nascido.[11]

Quer dizer, a educação dos sentidos – do cheirar, do tocar... – é uma educação para perceber as coisas mínimas. No filme *Cidade dos anjos*[12] havia vários anjos espalhados pelos lugares, mas todos eles com uma cara de tédio que ninguém aguentava. Por quê? Porque eram eternos mas não tinham o

---

10. Do poema "À sombra das araucárias", em *A cinza das horas* (1917).
11. Do poema "A espantosa realidade das cousas" [272] (1915).
12. Lançado em 1998 nos Estados Unidos, o filme, dirigido por Brad Silberling, é estrelado por Nicolas Cage e Meg Ryan.

privilégio de sentir o que os seres humanos sentiam. Até que um anjo resolveu que preferia abrir mão da eternidade para poder sentir o mesmo que os seres humanos. Depois de ter se tornado humano, a primeira cena em que ele aparece é debaixo de um chuveiro. Fica claro que, para ele, o mundo inteiro não existe, só existe o absoluto presente do chuveiro. As pessoas não se dão conta do que significa tomar um banho assim. Cleópatra, Júlio César ou Henrique VIII não conheceram o prazer de um banho de chuveiro. A pessoa está presente, e aí a poesia chama a atenção para o absolutamente ínfimo: "Preste atenção nisto". E a gente fica mais rico! Isso não existe nas escolas.

E há ainda outro sentido que é importantíssimo, o sexto sentido.

Elisa – E a escola considera o sexto sentido? Se ela não considera nem os sentidos mais simples!

Rubem – Mas o sexto sentido a que me refiro não é esse que você está pensando. É o seguinte: todos os sentidos precisam de um objeto para funcionarem. Para funcionar o olho, é necessário que exista uma cor, uma forma; para funcionar o ouvido, é preciso um som. Mas há um sentido, o sexto, que funciona sem precisar de objeto: trata-se do pensamento. O pensamento não precisa de objeto, ele o cria. Por exemplo, leia o livro *Cem anos de solidão*. Aquilo lá nunca existiu, é tudo lorota do Gabriel García **Márquez**. Chuva de flor? Onde já se viu chuva de flor? É tudo mentira, mas é uma mentira deliciosa! Ele cria um outro mundo, e a gente chora e ri. Os seres humanos são os únicos seres que se alimentam com aquilo que não existe. E a poesia é aquilo que não existe.

Elisa – Esse acesso ao simbólico inerente à poesia, à metáfora... Que delícia poder pensar na metáfora, que delícia entender, por exemplo, "você é o sol da minha vida". Entender isso, funcionar nessa batida, é fantástico. É por isso que retirar a poesia da escola é frustrar a essência do ser humano. Isso é muito cruel, não dá nem para calcular o dano.

Eu queria retomar o tema do pequeno, da coisa ínfima. O poema "A fúria da beleza", que se tornou também o nome do livro em que foi publicado, foi algo assim: eu estava andando pela minha rua, mas nem sei dizer qual era meu estado emocional naquele momento. Fui fazer minha caminhada perto de casa e, distraída, olhei uma florzinha da qual gosto muito: a maria-sem-vergonha. Dizem que é uma florzinha vagabundinha, muito comum... Não, ela é maravilhosa, é rainha. Bem, é bela, mas não tem prestígio – eu estava, assim, pensando nela, totalmente desligada.

Rubem – Você sabe por que ela se chama maria-sem-vergonha?

Elisa – Porque dá em qualquer lugar. Fiquei sabendo disso naquela época e também descobri que ela brota facilmente – bastam um pouco de terra, uns galhos e folha seca. O lugar onde a gente morava no Jardim Botânico era cheio dessas florzinhas, e descobri um caminho repleto delas. Pois enquanto estava andando por esse caminho, naquela manhã nublada, deparei com uma maria-sem-vergonha nascida na pedra. "Ah, na pedra já é demais, não é possível". Mas ela me pegou tão desprevenida que comecei a chorar. Eu não esperava aquilo. Escrevi então "A fúria da beleza", que é assim:

> *Estupidamente bela*
> *a beleza dessa maria-sem-vergonha rosa*
> *soca meu peito esta manhã!*
> *Estupendamente funda,*
> *a beleza, quando é linda demais,*
> *dá uma imagem feita só de sensações,*
> *de modo que, apesar de não se ter a consciência desse todo,*
> *naquele instante não nos falta nada.*
> *É um pá, um tapa, um golpe,*
> *um bote que nos paralisa, organiza,*
> *dispersa, conecta e completa!*
> *Estonteantemente linda*
> *a beleza doeu profundo no peito essa manhã.*
> *Doeu tanto que eu dei de chorar,*
> *por causa de uma flor comum e misteriosa do caminho.*
> *Uma delicada flor ordinária,*

brotada da trivialidade do mato,
nascida do varejo da natureza,
me deu espanto!
Me tirou a roupa, o rumo, o prumo
e me pôs a mesa...
é a porrada da beleza!
Eu dei de chorar de uma alegria funda,
quase tristeza.
Acontece às vezes e não avisa.
A coisa estarrece e abre-se um portal.
É uma dobradura do real, uma dimensão dele,
uma mágica à queima-roupa sem truque nenhum.
Porque é real.
Doeu a flor em mim tanto e com tanta força
que eu dei de soluçar!
O esplendor do que eu vi era pancada,
era baque e era bonito demais!
Penso, às vezes, que vivo para esse momento
indefinível, sagrado, material, cósmico,
quase molecular.
Posto que é mistério,
descrevê-lo exato perambula ermo
dentro da palavra impronunciável.
Sei que é desta flechada de luz
que nasce o acontecimento poético.
Poesia é quando a iluminação zureta,
bela e furiosa desse espanto
se transforma em palavra!

A florzinha distraída
existindo singela na rua paralelepípeda esta manhã,
doeu profundo como se passasse do ponto.
Como aquele ponto do gozo,
como aquele ápice do prazer
que a gente pensa que vai até morrer!
Como aquele máximo indivisível,
que, de tão bom, é bom de doer,
aquele momento em que a gente pede "para".
Querendo e não podendo mais querer,
porque mais do que aquilo não se aguenta mais,
sabe como é?
Violenta, às vezes, de tão bela, a beleza é!

Rubem – Você, neste momento, foi a maria-sem-vergonha.

Elisa – É verdade! Virei uma no final!

Rubem – Eu olhava para você e pensava na beleza do poema, mas também na beleza que é você recitando o poema. Você é uma maria-sem-vergonha, então, é como se a gente tivesse tido a experiência de encontrar com uma. Fiquei emocionado com o poema e de vê-la possuída pelo poema.

Elisa – É mesmo uma experiência de possessão, não é? Quando o poema está para acabar, mudo completamente, acho que até minha pulsação fica alterada.

Para acordar a palavra

Rubem – Conte mais um pouco sobre sua experiência como professora de poesia falada. Como foi isso?

Elisa – Foi muito interessante e muito rica. Em uma oficina que demos em Atibaia para funcionários de um banco, por exemplo, havia um aluno que falou um poema do Mário **Quintana**... Nem me lembro do poema, mas era bonitinho, sobre um adolescente que, vendo uma jovem (Margarida ou Maria...), falava: "Quando te vejo saindo da igreja". Era a história de um menino tímido que não conseguia expressar para sua amada o que sentia, sempre ficava só olhando, paquerando e desejando a garota de longe. Esse aluno, gerente do banco, não conseguia falar o poema. Eu lhe perguntava: "Você não consegue ver a jovem saindo da igreja, uma morena bonita?". Ele respondia: "Que morena bonita?". Eu insistia: "Veja uma morena bonita, pense numa moça assim". Eu queria levá-lo a produzir a imagem que o poema de Mário Quintana sugeria. Mas ele não arredava pé: "Não adianta. Já sou formatado assim...". "Não, não é formatado assim não", insisti; "vamos pensar". Pois não é que ele desandou a chorar descontroladamente e foi para o banheiro? O Edney, que estava comigo promovendo essa oficina, foi ao banheiro masculino e deparou com o homem chorando muito, dizendo que estava com muita saudade da noiva, que nunca tinha ficado longe dela – ela estava em São Paulo. O Edney tentou acalmá-lo, argumentando: "Mas você vai voltar, faltam poucos dias, só sábado, domingo e segunda-feira". Mas o homem chorava muito, totalmente desequilibrado. E tudo por causa de um poeminha de Mário Quintana que fala do menino que queria uma moça...

Rubem – Eu me lembrei agora de Emily **Dickinson**. Ela escreveu para um amigo dizendo o que ela achava da poesia. Dizia mais ou menos assim: "Quando leio um texto e me sinto tão fria que nenhum fogo pode me aquecer, sei que aquilo é poesia. Quando sinto como se o topo da minha cabeça me tivesse sido arrancado, sei que é poesia". Achei esse jeito de se expressar muito sugestivo, porque ela diz que poética é a palavra que faz amor com o corpo, é a palavra que vira corpo.

Elisa – Ela é gesto, palavra-gesto. Por isso que fere, mata. E também salva.

Rubem – Vira corpo. Há muitas palavras que não fazem nada. Algumas palavras da ciência não provocam nenhuma comoção em ninguém, agem exteriormente. Mas esse ato de possuir o corpo, isso é coisa da palavra poética. Acrescento ainda um aspecto curioso: há poemas escritos que, em certos momentos não são poesia, porque não fazem nada. Eles estão mortos. E frequentemente estão mortos porque a pessoa não sabe recitar. Então, estão mortos.

Elisa – Exatamente. A propósito disso, Rubem, vivi um momento especial. Tive a honra de ter o escritor José **Saramago** num dos recitais da minha escola, no Rio de Janeiro. Ele estava no Brasil para participar de um encontro de países de língua portuguesa. Foi uma casualidade maravilhosa, sabe? Eu havia organizado com os alunos um recital só de Fernando Pessoa. Como eu conhecia o cônsul de Portugal, havíamos feito um acordo para realizar a recitação no consulado, naquela casa linda na rua São Clemente, no mesmo período daquele encontro. Não sabíamos que Saramago estaria na plateia. Os alunos ficaram admirados: "Não acredito, é o Saramago!". Meus alunos, pessoas normais, digamos, simples, e eu... todos nós íamos fazer um recital de Fernando Pessoa na presença de Saramago. E ele, o português mais ilustre, lá na plateia assistindo ao recital, vendo-nos declamar poemas de Fernando Pessoa!

Quando o recital terminou, Saramago, visivelmente emocionado, disse que o que fazíamos era *acordar a palavra*, que ele jamais tinha compreendido Fernando Pessoa tão bem. E continuou: "Talvez esse momento jamais se repita, mas saio daqui com a alma a cantar. Vocês põem a palavra de pé. A palavra fica morta ali e vocês a colocam de pé".

Acho que me lembrei desse fato porque você falou exatamente isso sobre a palavra. Costumo dizer que o poema nos chama para uma viagem. O Drummond tem um poema, "Procura da poesia", em que ele pergunta: "Trouxeste a chave?". Ele leva o leitor para uma viagem, para um passeio. Por isso digo aos meus alunos que eles têm uma responsabilidade muito grande. Quando um deles está dizendo um poema, deve compreender muito bem aquele passeio, aquela viagem, porque está levando as pessoas junto. Tem de pontuar. E o que são as pontuações? São as sinalizações da estrada. Aquele que recita não pode tirar a surpresa dos ouvintes. Ele já sabe o final, mas os ouvintes não. Então, não é porque sabe o final que ele já pode ir rindo em razão do que vai acontecer. Ele deve respeitar o tempo do poema, para que os outros tenham a mesma surpresa que ele teve ao ouvir o poema pela primeira vez.

Rubem – Sabe, Elisa, já formulei até uma sugestão relacionada a isso: proceder como os compositores que colocam, no início de suas peças, o andamento: *alegro, adágio, presto*. Acho que as pessoas que já entendem poesia não precisam disso, mas as que não entendem... Por exemplo, há um poeminha da Cecília Meireles no qual ela descreve um leilão em seu jardim. É um poema curto que tem de ser lido rapidinho. Se for lido devagar, perde a graça. Tem de ser *presto*. Então, deveria existir uma indicação para a pessoa saber a música...

Elisa – É verdade, Rubem, porque a poesia tem música, sem dúvida.

Rubem – Aliás, acho que não é só a poesia; toda leitura tem sua música. Como se aprende a gostar de música? Ouvindo-a. Assim também é com a leitura. É comum a queixa de que os adolescentes não gostam de literatura, de poesia. Mas como poderiam gostar se quase nunca a ouvem? Eles leem mal e não gostam. O professor precisa saber ler, mas a maioria não sabe! Se o professor não estiver ligado na poesia, não sentir essa vida, essa pulsação do poema, não vai saber ler. Não adianta apenas mandar que os alunos leiam: é ele, professor, que deve ler primeiro: "Vou ler, escutem isso". Aí os alunos aprendem.

Elisa – É verdade. À medida que o professor provoca o encantamento pela palavra, leva a criança para outra dimensão... Porque é arte! A poesia, a literatura são expressões artísticas, mas não são tratadas como arte na escola.

Trabalho com os educadores porque acredito que eles são multiplicadores. Se o aluno não tiver um pai, ou uma mãe, ou um tio bacana que faça isso, quem vai apresentar a literatura para a criança é o professor. Se ele não gostar de literatura, não vai estimular o nascimento de novos leitores, nem de novos autores. O aluno não se identifica. Eu me lembro de uma vez em que fiz um recital num colégio, uma escola técnica federal, e uma garotinha de 13 anos se pôs a chorar. "Está chorando por quê?", perguntei. "Acho que sou poeta e não sabia". Ela nunca tinha ouvido uma poesia, com 13 anos! O nome dela era lindo: Fábula das Neves. Eu lhe disse: "Minha filha, vá ser poeta, você já tem até o nome".

Bem, aconteceu uma outra história lá no Recife. A gente desenvolveu um projeto que se chamava Paixão de Ler, idealizado pelo Affonso Romano de **Sant'Anna** quando era diretor da Biblioteca Nacional. Era uma forma que ele inventou para dar uma injeção de cultura. Quando chegamos, fomos a uma universidade onde cada sala de aula era ocupada por uma oficina. Em uma delas estava instalada a oficina de poesia falada. "Poesia viva" era o nome da minha oficina, e o subtítulo, "Falando poesia sem ser chato". Porque eu já vinha de uma experiência – e é bom a gente falar disso – que me provou que o público tem preconceito contra a palavra *poesia*. Antigamente, quando comecei com meus recitais no Rio de Janeiro, com meus espetáculos de teatro e poesia, eu não colocava a palavra *poesia* no cartaz, não. Eu tinha que excluir a palavra *poesia* dos cartazes para não espantar o público: "Ah, é poesia? Então não vou, não, poesia é chato". "Falando poesia sem ser chato" é um ótimo título. É o *slogan* da minha escola.

Rubem – Mas declamação malfeita também é chata.

Elisa – É claro! E eu não sei! Às vezes, quando me homenageiam, quase passo mal. As pessoas fazem uma leitura que nem eu entendo o que escrevi. É constrangedor.

Mas, voltando, eu estava na sala de aula e entrou uma professora muito bonitinha, com as maçãs do rosto rosadas, aquela "beleza de cafezal", como costumo chamar. Ela entrou, participou da aula e, no final da tarde, me disse: "Elisa, eu entrei aqui, mas me enganei, minha aula é de maculelê, era outra oficina". Não me conformei: "Ah, Marta, mas eu gostei tanto de você, você leu tão bonitinho, trouxe singeleza, emprestou tanta qualidade à poesia que fiquei encantada. Não quero que você saia da aula!" E completei: "Você não é professora? Pois é, pode ser útil para você". Ela acabou se rendendo: "Vou fazer então". Aí ela compareceu no dia seguinte, também no outro e foi ficando cada vez melhor. Decorava com muita facilidade. E dizia: "Estou boba, menina. Pensava que não conseguia decorar nada, mas estou decorando". Toda feliz, tornou-se minha melhor aluna. No outro dia, às 10 horas, o recital seria num teatro com todas as oficinas apresentando seus resultados para cerca de 800 pessoas. E Marta, minha aluna, uma professora do interior, iria apresentar-se no palco. Todo mundo estava animadíssimo: "Ai, com que roupa a gente vai? Vamos de vestidos iguais, não vamos?". Em meio ao entusiasmo de todos, ela me procurou: "Ai, Elisa, não vou mais, não. Nunca pensei em falar poesia, em decorar e muito menos em falar na frente dos meus colegas. Já fiz isso na sala de aula, para mim está bom. Agora, lá na frente, não vou mesmo". "Tudo bem, Marta", disse a ela, "então agora você vai e fala isso para suas colegas, porque aqui é assim: ou vai todo mundo, ou não vai ninguém. Se você não participar, não vai ter recital". Pressionada, claro, resolveu participar.

Quando chegou lá – seu poema era, de Adélia **Prado**, "Choro a capela" –, ela entrou em cena, subiu no palco e já ficou com o rosto vermelho logo de cara. Aquele monte de gente, imagine! O primeiro verso do poema é "O poder que eu quisera é dominar meu medo". Ela começou:

O poder que eu quisera é dominar...

("Ah, meu Deus... dominar, dominar..."; aí soprei: "meu medo". E ela continuou: "meu medo!".)

O poder que eu quisera é dominar meu medo
Por este grande Dom troco meus dedos, meu verso,
meus anéis, meu colar.
Só meu colo não ponho no machado,
porque a vida não é minha.

Com um braço só, uma só perna,
ou sem os dois de cada um, vivo e canto.

Mas com todos e medo, choro tanto
que temo dar escândalo a meus irmãos.

Mas venho e vou,
"os lobos tristes" a seu modo louvam.
Nasci vacum, berro meu
era só por montar, parir, a boa fome,
os júbilos ferozes.

As vacas velhas têm os olhos tristes?
Tristeza é o nome do castigo de Deus
e virar santo é reter a alegria.
Isto eu quero.

Rubem – Que é isso?

Elisa – Não sei bem, é um oráculo.

Rubem – Eu sei, eu sei. Mas ela foi possuída.

Elisa – E o que aconteceu? Quando a plateia percebeu que ela errou, que ela esqueceu, mas depois pegou o medo – "meu medo!", ela pegou aquilo como um cavalo, sabe? Pegou, lembrou que era o medo e foi para vencer –, a plateia, arrebatada, foi com ela. Quando ela acabou, a plateia se levantou, 800 pessoas, e huhuhuh!!! Só faltava ela explodir. "Pare com isso, gente". Toda gente aplaudindo uma mulher tímida, uma professorinha do interior. Foi uma loucura, um milagre que aconteceu ali. Esse poema é poderosíssimo, provoca milagres. Ninguém o entende direito, mas ele tem poder. Percebi isso faz tempo e já o usei em várias situações. Eu prescrevo esse poema para algumas pessoas.

Passaram-se os meses, vim para o Rio, acabou nosso chacoalhar – pois o que fazemos numa cidade é uma verdadeira chacoalhada. Ela me enviou uma carta: "Elisa, a experiência de sua passagem na minha vida foi maravilhosa. Mudou tudo. Passei a perceber, a ver poesia em coisas que nunca imaginei: num pão quentinho de manhã, na alegria dos meus filhos, no uniforme. Vejo poesia até no uniforme!. E tirei da minha vida tudo o que não é poesia. O primeiro a sair foi meu marido". E mais ou menos dois ou três anos depois, encontrei-a em Recife. Ela veio até mim e disse: "Elisa, estou morando aqui! Me separei, fiz faculdade, pós-graduação". Outra pessoa. Cabelo curto, outro visual, mas maravilhosa! Iluminar os olhinhos ampliou o seu horizonte.

Tire o vinco da poesia

Rubem – Fiquei curioso. Quero saber mais sobre seu trabalho com a poesia. Em geral, como está o professor quando chega às suas oficinas?

Elisa – Ele chega mal, sofrendo da doença que traz da sala de aula. O código ético da escola é o saber como arma. O professor entra na sala e desafia: "Duvido que alguém tire 10 nesta prova". É um tipo de loucura. Um aluno fala: "Professor, não dá prova hoje não, ninguém está preparado". O professor poderia permitir que a prova fosse realizada com consulta porque, afinal, ele está avaliando a inteligência, o poder de pensar. O objetivo não é prejudicar o aluno. Quando um aluno tira zero, pensando bem, isso seria motivo de humilhação para o professor, pois esse é o reflexo de seu trabalho ali, é também a nota do professor. Mas geralmente ele não vê a conexão. Então, traz todos esses males de que padece em sua sala de aula.

O que ensino ao professor é que ele precisa tomar as palavras do poeta como suas. A ideia é: "escolho este poema porque ele vai falar por mim, este poema é meu, ele sou eu, ele me traduz". Não é mais o poeta que está falando, sou eu – e aí reside a maior dificuldade. Até atores sentem muita dificuldade na minha escola, porque não existe uma personagem para ser incorporada na poesia. Há possessão da emoção, mas não de personagem. Quem está falando sou eu, eu assumo e assino embaixo.

Explico: a pessoa chega lá e eu não quero criar um monte de elisas lucindas. Quero que cada um se perceba como é, descubra sua forma de expressão, como funciona e empreste essas coisas humaníssimas para a poesia, para a comunicação se dar, porque o poeta, quando escreve, escreve para alguém: para a musa, para o mundo, para o amigo, para a pessoa amada, para si mesmo – ele está conversando, por isso escreve. Do contrário, não escreveria. Isso não pode se perder. E acho que essas coisas humanas fazem muito bem. As respirações, as coisas que a gente faz para se expressar, as pontuações, os tempos – tudo isso compõe uma comunicação poética. Busco isso, que a pessoa, o educador fique ali, que tire o vinco da poesia, vista aquele poema que foi feito para ser usado. Sempre peço para o aluno copiar num papel a poesia que escolheu e digo: "Leve para o banheiro, para a cama, para o quarto, leia para o marido, leia para o colega. Diga ao colega: 'Olhe, vou ler para você. Se eu estiver falando como quem está lendo, é porque não está bom; se eu falar como quem está conversando, é porque está bom, certo?'. Assim seu amigo pode avaliar sua leitura". A questão é esta: ser capaz de dizer um poema com tanta naturalidade e expressão que, se alguém chegar, não saberá se o falante está batendo um papo ou recitando poesia.

Outra coisa importante é que os gestos também comuniquem. Geralmente, a expressão poética está de tal forma aprisionada, reprimida, que a pessoa parece uma estátua: fica imóvel. Já não se sabe, por exemplo, o que significa um ponto de interrogação. Tive uma aluna que me tirou do sério na cidade de Casimiro de **Abreu**, porque ela não conseguia dar à pergunta sua entonação. Era assim: "O que é poesia?". Era isso. Mas ela dizia: "O que é poesia, a poesia... larará larará". Exclamei: "Pare! Pode parar!". Quero que você me pergunte o que é a vida, assim: "O que é a vida? Agora pergunte o que é a poesia. E ela novamente: "O que é poesia, a poesia... larará, larará", sem entonação alguma. Ela entrava naquela fala sem variação de tom parecendo uma autista. Fiquei muito preocupada, querendo que ela se soltasse. Insisti: "Note, o poeta está perguntando. Nesse caso, ele realmente não sabe. Ele vai revelar, mas antes pergunta: 'O que é poesia?' Pergunte para mim: 'O que é poesia?'". Eu dava os exemplos e ela fazia. E que dificuldade! Eu sozinha, sem nenhum assistente, 60 alunos, 30 assistindo, 30 trabalhando, uma confusão – isso, numa cidade em que não há um cinema. Num lugar que não existe uma sala de cinema, a poesia é igual a água no deserto, sabe? Eu me dediquei a essa aluna, colocando-me o seguinte desafio: ou eu faço essa menina entender o que é uma pergunta, ou não me chamo Elisa. Eu me ajoelhava, perguntava, e ela não saía do lugar, pequeníssimos avanços. Passaram-se três dias; o quarto dia era o da apresentação, todo mundo animado. Falei: "Vamos lá, Fátima, nós duas, vamos lá". E ela parecia ter voltado à estaca zero. "Ah não, você não está me escutando, você não está fazendo contato comigo, Fátima", eu lhe disse. Ela me ignorou: "Isso vai demorar? Porque eu marquei uma escova". Fiquei tão louca, tão doida, indignada mesmo: "O quê? Você marcou uma escova? Não, eu não acredito que você, no dia da escova, vai marcar poesia. No dia de escova não se marca mais nada!". Inverti assim a questão. E, ainda mais indignada, me impacientei: "Você vai embora agora, mas vai agora mesmo". Não dava para suportar aquilo, eu estava me dedicando integralmente e ela preocupada se ia demorar muito?! Não aguentei. Acontece.

Rubem – Mas que negócio é esse de escova?

Elisa – Tenho uma tese a respeito do tema! A escova é um negócio maluco, estou estudando o fenômeno. É de outro departamento, a escova é do departamento do mutante. Assim, se você decide se transformar em alguém que tem cabelos lisos, as pessoas em volta têm que concordar que você sempre foi assim, ninguém pode comentar. Desconfiei que isso era verdade e comecei a investigar. Perguntei para uma cabeleireira (adoro uma acareação, sabe? Acho que é porque meu avô Clemente era comissário de polícia), perguntei também para as meninas lá do salão de beleza que frequento, e elas me contaram várias histórias. Fiquei sabendo até que quando as "escovadas" encontram as "escovadeiras" na rua não as cumprimentam, você acredita?

Rubem – Parece aquele psicanalista que encontra com o cliente por aí e faz de conta que não o viu.

Elisa – Sim, é igualzinho, é verdade. Que coisa horrível: a pessoa chora um dia lá na sala do psiquiatra e no dia seguinte ele finge que não conhece.

Rubem – Não só não conhece, como desconhece.

Elisa – É um horror! Mas acontece. A ideia é ser uma prática, um código. Eu me lembro de uma amiga sarará... sabe, bem branca e de cabelo crespo? Ela começou a fazer escova há uns anos, mas eu a conheço desde pequena. Um dia, lá em casa, em um aniversário, ela falou assim: "Elisa, você se lembra da gente correndo pra lá e pra cá? Eu pequenininha com o cabelo escorridinho...". Imagine: impondo a ficção em uma infância que a gente compartilhou. Respondi: "Não!". Por amizade, me calei, mas depois a chamei num canto e disse: "Não se exponha a esse nível porque eu tenho fotos".

Virou uma loucura, uma escravidão. Você não imagina o trabalho que dá para algumas mulheres, elas têm até que desenvolver identidade secreta, ninguém pode saber. Se alguém as convida para sair: "Vamos passear?". "Vamos". Mas chega lá fora e está chovendo. "Ah, não vou mais, não, porque estou com dor de cabeça." Não podem mergulhar porque a água é a criptonita da escova, acaba com a brincadeira. E o mais triste nessa história é que isso se tornou um padrão. Beleza agora é ter cabelo liso. É uma coisa indiscriminada, absurda. Há pessoas que ficam mesmo muito feias, pois cabelo liso não combina com elas. Tenho uma tia que parece que incorporou um espírito escovado, e o cabelo não vai com ela não: ela vai pra lá e o cabelo fica, não se entendem. Acho que é muito triste submeter-se a esse padrão, há mulheres que acreditam que não têm escolha. Não estou falando contra a *escova*, mas a favor da *escolha*. Digo à mulher: escolha, faça uso de sua liberdade, exerça o seu livre-arbítrio.

Rubem – Você tem algumas estórias ótimas para contar! São muito divertidas.

Elisa – Ah! Aproveito para comentar mais uma. Foi o caso de uma professora, Lurdinha, que fez uma cola, sabe? Ela tinha muita dificuldade de se movimentar de forma expressiva. Eu tinha ensinado que é necessário falar com o corpo, até como a criança que fala: "Mãe, eu quero!", usando todos os seus recursos para se manifestar. Depois a gente cresce e vai racionalizando, vai imobilizando tudo, então o corpo parece ter sofrido um corte incrível, uma incisão – dá até medo. Atores de televisão, que só têm experiência em estúdio, sentem-se perdidos quando soltos no palco. Não sabem o que fazer, ficam com medo do chão, e é necessário ter firmeza para pisar ali. Talvez seja um problema de desconexão. Então, a poesia vai organizando, vai propiciando um encontro consigo mesmo, promove um tipo de integração.

Pois a professora Lurdinha estava lá, imóvel. Eu disse a ela: "Ó, Lurdinha, abra os braços, fale. No horizonte, cadê o horizonte?". Algumas pessoas não fazem nenhuma conexão com o que estão dizendo. Dizem: "Sinto dentro de mim" apontando para longe. Mas "mim" é aqui [*bate no peito*]! Tive uma aluna que falava assim: "acontece com o que é *breeeeeve*". Ela acabou com o breve! O breve virou eterno!

Então lá estava a Lurdinha. Ela argumentava: "Ah não tem jeito, Elisa, sou assim mesmo, eu só falo assim, sabe? Sou muito contida. É que não tem ninguém que me conheça aqui. Mas eu sou assim, quase não gesticulo". Não resisti a usar de meus truques: "Ah, é mesmo? Você mora onde? Mora em uma casa ou em apartamento?". "Moro em uma casa." "Mas é no começo da rua?" "Não, é assim..." E ela começou a desenhar no ar. Questionei: "Mas você não afirmou que não gesticulava?". Ela, sem graça, ainda tentou: "Não, mas agora, com você, é que eu fiquei mais...".
"Então está bom, vamos, continue, só que não quero que

você fale com essa mãozinha presa aí". "Ah! eu já me acostumei." "Mas eu queria que você a soltasse." "Não, mas eu já me acostumei". "Ah! se você não quer..." Mas foi aí que eu percebi. Chamei: "Vem cá, Lurdinha". "O que é?". "Não, espere que eu vou até aí". E descobri que ela estava com uma cola: o poema todo escrito na mão. "Você está colando? Ai, ai, ai!" Indaguei: "O que eu faço com você agora?". Sabe o que ela respondeu? "Não faça o que eu faço com os meus alunos, só isso que eu peço." Perguntei então por que ela havia feito aquilo. "Porque eu não consigo decorar, Elisa, não consigo." E chorava. Pedi que se acalmasse. Ela suava, desorientada. Falei: "Meu Deus do céu, calma, não está acontecendo nada de grave, não vai levar zero. Eu vim ensinar. Então, olhe só, vamos combinar uma coisa: O que você fez para decorar, como é que você tentou decorar?". Ela pegou o caderno para mostrar: "Escrevi o poema cem vezes". Escreveu mesmo, talvez não cem vezes, mas umas setenta. Copiou o poema como uma louca. "Mas, Lurdinha, o que é isso? Você se botou de castigo. Quem pediu para você fazer isso? Eu nunca disse para escrever um poema um monte de vezes!". E decidi: "Vamos decorar agora! Como é que começa o poema?". "Era um quintal ensombrado". "Então, vamos ver, como era esse quintal? Ensombrado, então tinha sombra." E ela decorou ali, em cinco minutos. Fui conduzindo-a passo a passo, ajudando-a a construir a imagem: "E agora, o que acontece depois?". É como um filme. E às vezes dou uma dica errada, dou a cola ao contrário, para dar um choque na imagem. Até que finalmente ela acabou decorando. Ela nem acreditava. Uma mulher com mais de sessenta anos teve a experiência de decorar pela história, pelo afeto, ali, na minha frente, e todo mundo viu e aplaudiu. Então ela disse: "Fico pensando no mal que já fiz a tantos alunos. Vou contar uma coisa para você, Elisa. Como eu não entendia poesia, tinha tanto horror a ela que, quando era o texto-base, eu pulava. Se tinha de ensinar sujeito usando um poema, eu simplesmente não dava". É, o ensino da poesia tem que estar ligado ao afeto.

Rubem – "Decorar" vem da ideia de "saber com o coração". Ou, como diz a Adélia Prado: "O que a memória ama fica eterno".

Elisa – É verdade. Este poema dela, intitulado "Para o Zé" é lindo! Vamos a ele:

Eu te amo, homem, hoje como
toda vida quis e não sabia,
eu que já amava de extremoso amor
o peixe, a mala velha, o papel de seda e os riscos
de bordado, onde tem
o desenho cômico de um peixe - os
lábios carnudos como os de uma negra.

Divago, quando o que quero é só dizer
te amo. Teço as curvas, as mistas
e as quebradas, industriosa como abelha,
alegrinha como florinha amarela, desejando
as finuras, violoncelo, violino, menestrel
e fazendo o que sei, o ouvido no teu peito
pra escutar o que bate. Eu te amo, homem, amo
o teu coração, o que é, a carne de que é feito,
amo sua matéria, fauna e flora,
seu poder de perecer, as aparas de tuas unhas
perdidas nas casas que habitamos, os fios
de tua barba. Esmero. Pego tua mão, me afasto, viajo
pra ter saudade, me calo, falo em latim pra requintar meu gosto:
"Dize-me, ó amado da minha alma, onde apascentas
o teu gado, onde repousas ao meio-dia, para que eu não
ande vagueando atrás dos rebanhos de teus companheiros".
Aprendo. Te aprendo, homem. O que a memória ama
fica eterno. Te amo com a memória, imperecível.
Te alinho junto das coisas que falam
uma coisa só: Deus é amor. Você me espicaça como
o desenho do peixe da guarnição de cozinha, você me guarnece,
tira de mim o ar desnudo, me faz bonita
de olhar-me, me dá uma tarefa, me emprega,
me dá um filho, comida, enche minhas mãos.
Eu te amo, homem, exatamente como amo o que
acontece quando escuto oboé. Meu coração vai desdobrando
os panos, se alargando aquecido, dando
a volta ao mundo, estalando os dedos pra pessoa e bicho.

*Amo até a barata, quando descubro que assim te amo,
o que não queria dizer amo também, o piolho. Assim,
te amo do modo mais natural, vero-romântico,
homem meu, particular homem universal.
Tudo que não é mulher está em ti, maravilha.
Como grande senhora vou te amar, os alvos linhos,
a luz na cabeceira, o abajur de prata;
como criada ama, vou te amar, o delicioso amor:
com água tépida, toalha seca e sabonete cheiroso,
me abaixo e lavo teus pés, o dorso e a planta deles
eu beijo.*

Poesia: Matéria da escola da vida

Rubem – Retomando o que dizíamos há pouco, Elisa, é por isso que acredito que ensino deve estar ligado ao afeto, porque "o que a memória ama fica eterno". Você não gosta de matemática. Mas e se a matemática fosse ensinada com poesias?

Elisa – Se eu tivesse estudado matemática através da poesia... Porque a poesia é interdisciplinar, com ela você pode dar aula de tudo. Dou um exemplo com um poema do Ferreira **Gullar** chamado "O açúcar". Isso é aula de sociologia, de economia, é aula de vida. E de Brasil.

O branco açúcar que adoçará meu café
nesta manhã de Ipanema
não foi produzido por mim
tampouco surgiu dentro do açucareiro por milagre.

Vejo-o puro
e afável ao paladar
como beijo de moça, água
na pele, flor
que se dissolve na boca. Mas este açúcar
não foi feito por mim.

*Este açúcar veio
da mercearia da esquina e
tampouco o fez o Oliveira,
dono da mercearia.*

*Este açúcar veio
de uma usina de cana de açúcar em Pernambuco
ou no Estado do Rio
e tampouco o fez o dono da usina.*

*Este açúcar era cana
e veio dos canaviais extensos
que não nascem por acaso
no regaço do vale.*

*Em lugares distantes, onde não há hospital,
nem escola, homens que não sabem ler e morrem de fome
aos 27 anos
plantaram e colheram a cana
que viraria açúcar.
Em usinas escuras, homens de vida amarga
e dura
 produziram este açúcar
branco e puro
com que adoço meu café esta manhã
em Ipanema.*

Esse poema conta a história de uma produção, isso pode ser aula de quê? Aula de geografia, de economia, de história, de sociologia. E para a aula de matemática? A Geovana Pires, atriz, que já foi minha aluna e hoje é professora da Escola Lucinda de Poesia Viva, cuja sede é na Casa Poema, vai mostrar aqui um pouco do que se pode fazer.

Geovana Pires – De Millôr **Fernandes**, "Poesia matemática":

Às folhas tantas
do livro matemático
um Quociente apaixonou-se
um dia
doidamente
por uma Incógnita.
Olhou-a com seu olhar inumerável
e viu-a do ápice à base
uma figura ímpar;
olhos rombóides, boca trapezóide,
corpo retangular, seios esferóides.
Fez de sua uma vida
paralela à dela
até que se encontraram
no infinito.
"Quem és tu?", indagou ele
em ânsia radical.
"Sou a soma do quadrado dos catetos.
Mas pode me chamar de Hipotenusa."
E de falarem descobriram que eram

(o que em aritmética corresponde
a almas irmãs)
primos entre si.
E assim se amaram
ao quadrado da velocidade da luz
numa sexta potenciação
traçando
ao sabor do momento
e da paixão
retas, curvas, círculos e linhas sinoidais
nos jardins da quarta dimensão.
Escandalizaram os ortodoxos das
fórmulas euclidianas
e os exegetas do Universo Finito.
Romperam convenções newtonianas
e pitagóricas.
E enfim resolveram se casar
constituir um lar,
mais que um lar,
um perpendicular.
Convidaram para padrinhos
o Poliedro e a Bissetriz.
E fizeram planos, equações e diagramas
para o futuro
sonhando com uma felicidade
integral e diferencial.
E se casaram e tiveram uma secante e
três cones

muito engraçadinhos.
E foram felizes
até aquele dia
em que tudo vira afinal
monotonia.
Mas foi então que surgiu
O Máximo Divisor Comum
frequentador de círculos concêntricos,
viciosos.
Ofereceu-lhe, a ela,
uma grandeza absoluta
e reduziu-a a um denominador comum.
Ele, Quociente, percebeu
que com ela não formava mais um
todo,
uma unidade.
Era o triângulo,
tanto chamado amoroso.
Desse problema ela era uma fração,
a mais ordinária.
Mas foi então que Einstein descobriu a
Relatividade
e tudo que era espúrio passou a ser
moralidade
como aliás em qualquer
sociedade.

Rubem – Isso é do Millôr? Eu não conhecia. É genial!

Elisa – É genial mesmo. Imagine o professor numa classe com um bando de pré-adolescentes... Dá para transformar a aula num momento delicioso. Escrevi um poema em que brinco com a gramática – chama-se "Sujeito Blues". É assim:

U'a menina vestida de anjo das festas
de coroação de antigamente
pergunta ao vento:
"mãe, porque você morreu?"
Dói tudo dentro do cetim
da roupa da menina,
sem a fotossíntese da voz da mãe,
sem o sol dela.
Envelhece rápido a menina por dentro.
"Mãe, por que Deus não combinou comigo,
não me perguntou se eu queria,
se eu deixava Ele te levar?
"Por que esse abuso de autoridade do
Criador?"
Aqui estou eu no mundo
sem o seu zelo e suas perguntas.
Estou sem ti sem bem estar.
Ser e estar é umbilical.
Pela primeira vez entendo isso,
Pela primeira vez entendo tudo.
Ah! se a professora tivesse me explicado quando eu perguntei

o que era verbo de ligação.
Eu não seria talvez
esse objeto direto lançado ao mundo.
Para, a, ante, após, com, contra, de, desde.
Ah! destino, quisera ser hoje apenas
a preposição em.
Que quer dizer dentro.
Saudades, mãe.
Mãe é sujeito.
Sujeito a chuvas e trovoadas fortes.
Mãe é sujeito à morte.

Rubem – Nossa, que bonito! Esse término foi uma pancada.

Elisa – É uma pancada mesmo. Mas o poema é ótimo para se trabalhar a gramática com os alunos. Tenho ainda o poema "Mas é a cara do Lino" que também leva à gramática. Ah, que bom me lembrar disso, é muito bom! Lino – Lino Santos Gomes – é meu pai.

Bonitinha, toda vida, ia ela, pequenininha,
às aulas dos adultos e só oito anos tinha.
O pai dava aulas de Latim, Português e Sociologia à noite
A menininha ouvia e via.
Quem é? Sua filha, professor?
E os olhos dele correspondiam ao sim

como um gozo esplendoroso, cravejado de orgulho
tal qual o anel reluzente e precioso que já era o nosso laço.
Eu era a sua cara e gostava era demais de ser parecida com ele
Meu cartão de visitas, dizia segurando meu queixo
com delicadeza de homem lindo.
Era meu pai.
Pai, por suas aulas comecei a amar as palavras,
Por seus provérbios e citações comecei a amar o jogo delas
E a possibilidade infinita que podiam erigir os tais pensamentos
Por sua divertida didática aprendi a amar a alegria de cada gramático movimento
No dia do meu casamento me deu de presente uma máquina de escrever
E com esse presente me deu estrutura
de passado, futuro e poder.

Isso aconteceu de verdade, sabe? Ele me deu uma máquina de escrever de presente de casamento. Era um presente absolutamente inusitado. Todo mundo dava fogão, geladeira; mas meu pai me deu uma máquina de escrever. Parece que ele estava tentando me dizer para não parar de escrever. Isso lá era presente de casamento?

Rubem – Seu pai foi sábio, porque, na verdade, esse negócio de dar presente é um exercício de psicanálise. Para se dar um presente verdadeiro, é preciso buscar a resposta para a seguinte questão: Qual é o desejo mais profundo dessa pessoa? Deve-se tentar entender o que a pessoa realmente deseja.

Elisa – Ele me deu o viver de poesia. Foi o presente certo...

Rubem – O desejo certo. Ele estava dizendo que você estava predestinada a escrever. Foi isso que ele viu.

Elisa – Ele é muito chique. Ele dizia assim: "Eu vou aos seus espetáculos, minha filha, e não perco nenhum deles, não porque você é minha filha, mas porque é uma aula de cidadania. Eu sou brasileiro. Eu vou como um brasileiro". Que bonitinho!

Tenho também o "Poema dos coletivos" que foi uma loucura, uma explosão, quando descobri o negócio dos coletivos. Descobri, nessa época, que o coletivo é uma das coisas mais elegantes da língua portuguesa, da língua brasileira, porque ele não tem o mesmo radical das palavras. O coletivo de peixe não é peixada, é cardume. Acho muito chique, até sofisticado. O "Poema dos coletivos" foi uma viagem, mas eu gosto.

Valham-me meus plurais!
A elegância dos coletivos que me deflora.
A errância dos meus erros

sempre no meio dos assuntos,
a errância dos meus medos
sempre no meio dos assuntos!
Ah, enxame, alcateia, resma, cáfila, chusma, cardume, elenco,
manada, matilha, frota, esquadrilha...
mais nada de mim levarás sem que eu vá também junto.
Sem que eu siga o rebanho das negras ovelhas com pelos
jamaicanos;
Ah, bando de pássaros que levam minha alma no bico!
Ah, vara, cambada, corja de vagabundos... por onde bares me
esqueceram?
Ah, baderneiros, em que tom, em que oitava me entoaram?

Valham-me meus punhais
que esqueci de mandar afinar meu piano!
Que esqueci que planos eu faria
pra quando atravessasse os arquipélagos, as cordilheiras...
Pra quando eu me abandonasse de vez numa deserta ilha,
pra quando o meu tratado não fosse o das Tordesilhas!
Ô meu Deus, desde quando tomei gosto pelas rimas?
Ô meu Deus, em que data me emaranhei pra sempre no
Vesúvio das Palavras?
Ah, coletivos de socos sons,
ah, coletivo de socos bons,
ah, porrada!

E escrevi "Viver de poesia" que também pode ser usado para o ensino da gramática...

Há tanto o que fazer com a poesia
que eu quase não dou conta das tarefas.
Trazê-la em estado de circulação
é mais que assumi-la sangue
de tanto me afundar no mangue
decorei o caminho do emergir
a volta do desmaio
do cair em si em mi
e mais todas as notas do percurso e escola.
Há tanto o que transar com a poesia
que tenho estado com ela sem nenhum projeto de anticoncepção
falá-la então é o videoteipe desse sexo explícito de procriação
com direito a prazer e gozo a cada dobra de rima.
Trazendo-a em estado vivo exerço a alquimia
de atropelar o efêmero
com o doce trator da perpetuação
agarrada aos motivos eternos
dos versos que eu escrevi
latejante exposição em estado de música e fotografia
é o que faço aqui
e aqui chego com meus cães:
sigo tudo de acordo com as ordens do Deus poema
que é o fiel domador.

Corro, sento, busco ossos
e inda faço gracinhas
elefante, golfinho, leão, macaquinho,
sopro, tambor, teclado, cavaquinho

vou bebendo vinho.
Há tanto o que fazer com a poesia
Há tanto o que namorar com a poesia
Há tanto o que compreender com a poesia
Há tanto o que viajar com a poesia
que eu com esse excesso de bagagem
passo na cara do vigia
de mãos vazias.
Mas tamanha é a magia
que toda a muamba que ninguém via
agora se esparrama no palco:
ela rainha, galinha
sambando no pedaço,
minha rainha poesia
e de salto alto.

Rubem – Falando de poemas que conversam com conhecimentos de outras áreas, eu me lembrei da letra da música "Passaredo", escrita por Chico **Buarque** e Francis **Hime**, em que vão sendo citados os nomes de vários pássaros, avisando *"Bico calado / Muito cuidado / Que o homem vem aí/ O homem vem aí"*.

Elisa – Pode servir para uma excelente aula sobre pássaros.

Rubem – Sem dúvida. Hoje, as crianças não sabem mais os nomes dos pássaros, não identificam seu canto.

Também não sabem os nomes das árvores. Como é que você pode falar em ecologia, em preservação do ambiente, se as crianças e seus pais, adultos, não sabem identificar os nomes de passarinhos, não sabem identificar as árvores?

Elisa – Quase ninguém mais sabe.

Emergência poética

Rubem – Elisa, como é essa estória de "pronto-socorro poético" sobre a qual o Gilberto Dimenstein escreveu na coluna dele na *Folha de S.Paulo*? De onde surgiu isso?

Elisa – É uma brincadeira minha – "emergência poética". Acho que em São Paulo usa-se a expressão pronto-socorro para o que chamamos de "emergência" no Rio, não é!? Um amigo meu já vinha fazendo isso de certa forma com a escola de poesia e comigo. Comigo porque, como eu fui forjada por poemas, fiquei de 11 a 17 anos nessa escola de poesia e de lá não saí mais, a não ser quando entrei para o teatro na universidade, onde fui fazer jornalismo. Então sei muitos poemas de cor, muitos mesmo. E acabei me vendo em várias situações em que, em meio a muito sofrimento, recorria a poemas de outros autores para fazer a trilha sonora daquela dor e daquela emoção. Aí eu comecei, antes de qualquer outra coisa, rezando alguns poemas para mim. Um dia encontrei um grande amigo e fomos jantar. O pai dele tinha morrido, e ele estava enfrentando um fim de caso... E lá ia mais uma angústia na mesa, chorando e lembrando. Decidi então recitar para ele um poema da Adélia Prado chamado "Leitura", que é a leitura de um sonho:[13]

---

13. Do livro *Bagagem*. Rio de Janeiro: Record, 2003.

Era um quintal ensombrado, murado alto de pedras.
As macieiras tinham maçãs temporãs, a casca vermelha
de escuríssimo vinho, o gosto caprichado das coisas
fora do seu tempo desejadas.
Ao longo do muro eram talhas de barro.
Eu comia maçãs, bebia a melhor água, sabendo
que lá fora o mundo havia parado de calor.
Depois encontrei meu pai, que me fez festa
e não estava doente e nem tinha morrido, por isso ria,
os lábios de novo e a cara circulados de sangue,
caçava o que fazer pra gastar sua alegria:
onde está meu formão, minha vara de pescar,
cadê minha binga, meu vidro de café?
Eu sempre sonho que uma coisa gera,
nunca nada está morto.
O que não parece vivo, aduba.
O que parece estático, espera.

Rubem – "*O que não parece vivo, aduba / O que parece estático, espera!*"

Elisa – Isso é maravilhoso. Dói, chega a doer, mas o meu amigo ficou bom. "Vou decorar isso", disse. E anotou o verso "sempre sonho que uma coisa gera, nunca nada está morto". Aquilo foi a cura dele. Depois dessa conversa, ele contou outra história sobre amor, e falei outro poema. Foi quando ele me sugeriu: "Elisa, você tem que abrir na cidade postos de emergência poética. Se uma pessoa está passando mal, o que ela pode fazer? Ela conta a história, o drama, e você dá o poema". Quero levar isso para a televisão. Tenho vontade de fazer um programa de auditório e com cartas. A pessoa conta seu dilema e recebe um poema esclarecedor. Tenho um poema, o "Libação", que, modéstia à parte, produz um efeito especial nas pessoas. Sei de várias histórias com ele. Uma delas aconteceu com o Wladimir. Ele era de Brasília, mas estava no Rio Grande do Sul e chegou ao recital atrasado, na hora do último poema. Assim que ele entrou, eu estava anunciando exatamente o "Libação". Ele então ouviu o poema e algum tempo depois mandou uma carta pra mim. Beleza. "Sou jornalista de uma revista há 17 anos, mas sempre me senti um embuste, trabalhando com má vontade. Sou um jornalista medíocre, inexpressivo, constantemente acalentando um sonho muito particular, com que meu pai nunca concordou, de ser dono de livraria. Sempre gostei, meu sonho de felicidade é estar em meio a um monte de livros, falando: 'Compra este, este aqui é muito bom'". Ele sempre imaginou isso. "E aí, quando ouvi o seu poema, foi tão clara a sensação de que eu era um embuste que pedi demissão da revista e abri uma livraria aqui em Brasília com o dinheiro da indenização e quero que você seja madrinha". Fui lá e sou madrinha dessa livraria.

Rubem – Como é esse poema?

Elisa – É assim:

É do nascedouro da vida a grandeza.
É da sua natureza a fartura
a proliferação
os cromossomiais encontros,
os brotos os processos caules,
os processos sementes
os processos troncos,
os processos flores,
são suas mais finas dores.

As consequências cachos,
as consequências leite,
as consequências folhas,
as consequências frutos
são suas cores mais belas.

É da substância do átomo
ser partível produtivo ativo e gerador.
Tudo é no seu âmago e início,
patrício da riqueza, solstício da realeza.

É da vocação da vida a beleza
e a nós cabe não diminuí-la, não roê-la
com nossos minúsculos gestos ratos
nossos fatos apinhados de pequenezas,

*cabe a nós enchê-la,
cheio que é o seu princípio.*

*Todo vazio é grávido desse benevolente risco,
todo presente é guarnecido
do estado potencial de futuro.*

*Peço ao ano-novo
aos deuses do calendário
aos orixás das transformações:
nos livrem do infértil da ninharia
nos protejam da vaidade burra
da vaidade "minha" desumana sozinha
Nos livrem da ânsia voraz
daquilo que ao nos aumentar
nos amesquinha.*

*A vida não tem ensaios
mas tem novas chances.*

*Viva a burilação eterna, a possibilidade:
o esmeril dos dissabores!
Abaixo o estéril arrependimento
a duração inútil dos rancores.*

*Um brinde ao que está sempre nas nossas mãos:
a vida inédita pela frente
e a virgindade dos dias que virão!*

Rubem – Que coisa linda! Enche a alma...

Elisa – Enche, não é? Alimenta.

Rubem – A gente entra nas palavras, a gente vai...

Elisa – ... cavalgando e brincando com elas.

Rubem – A gente vai ficando diferente, isso que é importante. Porque nós somos feitos de palavras. Isso é coisa evangélica – *a palavra se fez carne* –, se desenvolve como uma novela. À medida que temos as palavras que fazem amor com a carne, vamos ficando diferentes. É aí que está a beleza das pessoas: não na forma física, mas na poesia.

Elisa – Sim, é onde o amor atua. Por isso é uma sacanagem deixar fora do mercado emocional aquele que é magro, ou o que é gordo... Quem foi que inventou isso? O amor é encantamento, imagine se o amor escolhe essas coisas! Mas e você, Rubem, se você fosse recorrer a essa emergência poética, o que você pediria hoje?

Rubem – Se por acaso estivesse necessitado da emergência poética, hoje, neste instante... Bom, você me faz uma pergunta assim num momento em que estou em crise, sofrendo muito por causa de um amor desfeito, o que é uma coisa muito pessoal. Não é geral, não é universal. É um amor desfeito. Acabei de terminar uma relação amorosa e estou sofrendo demais, então quero uma poesia que me dê forças para enfrentar isso.

Elisa – Ah é? Um caso de amor desfeito não é universal? Essa coisa de amor desfeito é absolutamente universal, Rubem, me desculpe, mas...

Rubem – Não, veja, a diferença entre a poesia e a ciência é que a ciência trata do universal para chegar ao particular e a poesia lida com o absolutamente particular para chegar ao universal. Ninguém pode ser universal fora do seu quintal, quer dizer, quando você fala sobre a sua alegria ou a sua tristeza, não é só a sua alegria, porque existe uma comunhão geral dos seres humanos. Então aquilo que eu falo como sendo a minha história, o meu sofrimento, é a história, o sofrimento de milhares de pessoas. Fernando Pessoa tem um poema que fala bem isso:

O Tejo é mais belo que o rio que corre pela minha aldeia,
Mas o Tejo não é mais belo que o rio que corre pela minha aldeia
Porque o Tejo não é o rio que corre pela minha aldeia.
(...)
O Tejo desce de Espanha
E o Tejo entra no mar em Portugal.
Toda a gente sabe isso.
Mas poucos sabem qual é o rio da minha aldeia
(...)
Pelo Tejo vai-se para o Mundo...

Elisa – Então, vou dar o remédio para você, Rubem: chama-se "Safena".

Sabe o que é um coração
amar ao máximo de seu sangue?
Bater até o auge de seu baticum?
Não, você não sabe de jeito nenhum.
Agora chega!
Reforma no meu peito!
Pedreiros, pintores, raspadores de mágoas
aproximem-se!
Rolos, rolas, tintas, tijolo
comecem a obra!
Por amor, mestre de Horas
Tempo, meu fiel carpinteiro
comece você primeiro passando verniz nos móveis
e vamos tudo de novo do novo começo.

Iansã, Oxum, Afrodite, Nossa Vênus e Nossa Senhora
apertem os cintos.
Adeus ao sinto muito do meu jeito.
Peitos ventres pernas
aticem as velas
que lá vou eu de novo na solteirice
exposta ao mar da mulatice
à honra das novas uniões.

Vassouras, rodos, águas, flanelas e ceras
Protejam as beiras

lustrem as superfícies
aspirem os tapetes
Vai começar o banquete
de amar de novo
Gatos, heróis, artistas, príncipes e foliões
Façam todos suas inscrições.
Sim. Vestirei vermelho carmim escarlate.

O homem que hoje me amar
encontrará outro lá dentro.
Pois que o mate.

Eu tive dúvidas, sabe por quê? Porque você ainda está em outro momento. Talvez seja um caso de "Texto para uma separação".

Rubem – É, pode ser.

Elisa – Escrevi o "Texto para uma separação" na época de minha separação, quando estava bem no momento dessa dor. Foi só depois, quando o momento já era outro, que tomei a decisão e pude escrever o "Safena". Mas você, Rubem, não tomou essa decisão. Você ainda a quer de volta. Quando escrevi o "Texto para uma separação" – *Olhe aqui, olhos de azeviche...* –, já pude contar com o humor. Aliás, recentemente tive essa experiência. O Chico **Anysio**, que estava em um evento a que eu fui, contou cinco piadas provando que a poesia é realmente parente da piada. Incrível!

"Doutor, eu posso tomar banho com diarreia? Pode, se tiver merda suficiente!" Maravilhoso! E aí ele disse: "Estou muito nervoso porque vou ler um poema na frente de uma poeta". E era este poema que eu vou falar para você agora. Poema meu, que ele adorava, e eu nem sabia que ele era meu fã. Foi maravilhoso, uma honra para mim.

Olhe aqui, olhos de azeviche
Vamos acertar as contas
porque é no dia de hoje
que cê vai embora daqui...
Mas antes,
Quer me devolver o equilíbrio?
Quer se tocar e botar meu marca-passo pra consertar?
Quer me deixar na minha?
Quer tirar as mãos de dentro da minha calcinha?
Olhe aqui, olhos de azeviche:
Quer parar de saxdoer no meu rádio?
Quer parar de torcer pro meu fim
dentro do meu próprio estádio?
Não, peraí, não vai sair assim...
Antes, quer ter a delicadeza de colar meu espelho?
Isso, agora fica de joelhos
e comece a cuspir todos os meus beijos.
Agora recolhe!
Engole a farta coreografia destas línguas
Varre com a língua todos esses anseios

Não haverá mais filho
Pulsações, impulsos sexuais.
Hoje eu me suicido ingerindo
sete caixas de anticoncepcionais.
Trata-se de um despejo
Dedetize essa chateação que a gente chamou de desejo.
E leve também esses presentes que você me deixou
Quer dizer, essa cara de pau, essa textura de verniz.
Tire de mim esse sentimento de penetração
esse modo com que você me quis
esses ensaios de idas e voltas
essa esfregação
esse bob wilson erotizado
que a gente chamou de tesão.
E agora vai.
Ah não! Espera aí, última revista
Leve também aquela bobagem
que você chamou
de amor à primeira vista.
E agora pode partir!
Pode ir que eu estou calma. Quero ficar sozinha
eu co'a minha alma. Agora pode ir.
Gente! Cadê minha alma que estava aqui?

É assim. Mas não sei... Às vezes, o doente piora.

Rubem – Este é que é o problema: a gente lê a poesia para se consolar, mas acaba piorando, piorando muito.

Elisa – É "saudade, dor que é remédio, remédio que aumenta a dor". Como é mesmo a letra da música do Vicente Celestino? Também **Camões**, em seu soneto "Busque Amor novas artes, novo engenho", escreve:

(...) Que dias há que na alma me tem posto
um não sei quê, que nasce não sei onde,
vem não sei como, e dói não sei por quê.

Ah Rubem, agora achei. Vou te receitar o poema certo:

"O náufrago"

Ressaca do jardim suspenso!
Despenco e penso:
Deus, que sacode foi esse?
O que foi este caldo, este caixote?
Era faxina, desilusão da pura e da fina?
Era uma parte da sina?
Então era outra vez névoa, era espuma,
era a força brusca do giro da roda da fortuna?
Nada responde.
Colho os versos de ilusão que o amor deixou nas gavetas,
nas pistas, nos gestos, nas pastas virtuais dos computadores;
Colho rumores, desejos e suspiros que ficaram nos estertores das letras.
Colho torpedos, colho flores no chão de mim.

Estou falando do amor que havia na semana passada, meu pastor!
Estou falando das palavras, das palavras de paixão e de amor:
meu alimento profícuo,
meu elemento pacífico,
amplificador de minhas possibilidades,
minha dieta!

Ressaca do jardim suspenso!
A inspirada remessa de cartas, bilhetes e declarações
chegou rápido aos porões do inabitável
e deslizou neles seus poderes, suas ocasiões.
Partiu-se aquela beleza!

Sou agora um ser brotado da queda de uma estética emocional,
sou um ser regressado do tombo de um beiral alto
que crê romanticamente no amor.
Sou um afogado desesperado batendo nos bancos de areia,
exposto ao tufão das memórias das frases.
Quase morto, quase.
Me espatifei.
Sobrevivi.
Ondas revoltas me lançaram de costas às lascas finas dos corais.
Mas felizmente e como sempre, um cardume de versos me esperava no cais!

Rubem – Obrigado pelo cardume de versos. Você é poesia. Haverá metáfora mais verdadeira? Os peixes, escorregadios, rápidos, agora estão aqui, um segundo depois estão ali, impossível prendê-los nas malhas do pensamento. Obrigado. Caso você não saiba, conta a lenda que Jonas passou três dias no ventre de um peixe e lá, nas funduras escuras, escreveu um poema...

Elisa – Ah, você é lindo, você é um sol!

Rubem – Fico comovido por você me chamar de sol, minha amada também me chamava assim. Lembrei agora ainda de outro poema do Caeiro: "O meu olhar é nítido / como um girassol (...)".

Elisa – Adoro esse poema, Rubem. Estou desconfiada que você é fã do Alberto Caeiro...

Rubem – Totalmente! Ele é meu grande poeta.

Elisa – Ele é meu mestre também. Nosso mestre, não é?

Rubem – Aliás, ele é oriental nesse poema, acho que taoísta. Não sei se ele conheceu o taoísmo, mas toda aquela coisa de não pensar, de ver, de não ter memória... toda memória é uma traição, é verdade.

Elisa – Mas vamos lembrá-lo todo, vale a pena:

O meu olhar é nítido como um girassol.
Tenho o costume de andar pelas estradas

Olhando para a direita e para a esquerda,
E de vez em quando olhando para trás...
E o que vejo a cada momento
É aquilo que nunca antes eu tinha visto,
E eu sei dar por isso muito bem...
Sei ter o pasmo essencial
Que tem uma criança se, ao nascer,
Reparasse que nascera deveras...
Sinto-me nascido a cada momento
Para a eterna novidade do Mundo...

Creio no mundo como num malmequer,
Porque o vejo. Mas não penso nele
Porque pensar é não compreender...
O Mundo não se fez para pensarmos nele
(Pensar é estar doente dos olhos)
Mas para olharmos e estarmos de acordo...

Eu não tenho filosofia: tenho sentidos...
Se falo na Natureza não é porque saiba o que ela é,
Mas porque a amo, e amo-a por isso,
Porque quem ama nunca sabe o que ama.
Nem sabe por que ama, nem o que é amar...

Amar é a eterna inocência,
E a única inocência não pensar...[14]

---

14. *Ficções do interlúdio* [207], II. Em *Obra poética*, vol. único.

Rubem – Outro poema de Alberto Caeiro de que gosto demais é aquele que principia assim: "*Num meio-dia de...*"

Elisa – "*... de um fim da primavera tive um sonho como uma fotografia...*".[15] Isso é a coisa mais linda!

Rubem – "*Vi Jesus Cristo descer à terra (...) tornado outra vez menino*". Na minha casa eu sempre lia esse poema no Dia de Natal.

Elisa – É lindo.

Rubem – É uma beleza. Jesus Cristo ficou cansado da monotonia no céu...

Elisa – "*Veio pela encosta de um monte / tornado outra vez menino (...)*"

Rubem – "*Depois fugiu para o sol / e desceu pelo primeiro raio que apanhou.*" Aí maldiz a Igreja Católica. Deus só fica escarrando e dizendo besteira. E a pomba, que é o Espírito Santo, espalha sujeira por todos os lugares. "*Um dia que Deus estava a dormir / e o Espírito Santo andava a voar...*" Mas então ele conta como o Menino Jesus o ensinou a ver...

Elisa – "*A mim ensinou-me tudo. / Ensinou-me a olhar para as coisas. / Aponta-me todas as coisas que há nas flores...*"

---

15. *Idem*, [213], VIII.

Elisa e Rubem –
Mostra-me como as pedras são engraçadas
quando a gente as tem nas mãos
e olha devagar pra elas.

Elisa – "*Diz-me muito mal de Deus.*" É lindo esse poema!

Rubem – Lindo demais.

Elisa – Eu gosto do trecho:

Dá-me uma mão a mim.
E a outra a tudo que existe.
E assim vamos os três
pelo caminho que houver,
saltando e cantando e rindo
e gozando o nosso segredo comum

Elisa e Rubem –
Que é o de saber por toda a parte
que não há mistério no mundo
e que tudo vale a pena.
(...)
Quando eu morrer, filhinho,
seja eu a criança, o mais pequeno.

Elisa –
Pega-me tu ao colo
e leva-me para dentro da tua casa.

Despe o meu ser cansado e humano
e deita-me na tua cama.
E conta-me histórias, caso eu acorde,
para eu tornar a adormecer.
E dá-me sonhos teus para eu brincar
até que nasça...

Rubem –
Até que nasça qualquer dia
que tu sabes qual é.

Elisa –
Esta é a história do meu Menino Jesus.
Por que razão que se perceba
não há de ser ela mais verdadeira
que tudo quanto os filósofos pensam
e tudo quanto as religiões ensinam?

É maravilhoso esse poema do Caeiro! Irreverente, acho que falar dessa maneira num país como Portugal, tão retrógrado naquela época, 1914, é uma atitude corajosa do poeta. Na verdade, ele é muito amoroso com Deus, mas fala mal daquele Deus enquadrado numa concepção opressora, de poder... Li uma entrevista do Caeiro com o Álvaro de Campos em que ele conta que escreveu esse poema porque, um dia, estava na casa de uma tia quando chegou um padre que lhe disse uma porção de coisas... ele ficou muito irritado e escreveu o poema para respirar.

Aliás, essa palavra, *respirar*, me leva ao poema do Mário Quintana, "Emergência".

Quem faz um poema abre uma janela.
Respira, tu que estás numa cela abafada,
esse ar que entra por ela.
Por isso é que os poemas têm ritmo
– para que possas, enfim, profundamente respirar.

Quem faz um poema salva um afogado.

Há um outro, também de Mário Quintana, "Se eu fosse um padre", muito adequado para a escola:

Se eu fosse um padre, eu, nos meus sermões,
não falaria em Deus nem no Pecado
– muito menos no Anjo Rebelado
e os encantos das suas seduções,

não citaria santos e profetas:
nada das suas celestiais promessas
ou das suas terríveis maldições...
Se eu fosse um padre, eu citaria os poetas,

Rezaria seus versos, os mais belos,
desses que desde a infância me embalaram
e quem me dera que alguns fossem meus!

Porque a poesia purifica a alma
... e um belo poema – ainda que de Deus se aparte –
um belo poema sempre leva a Deus!

Isso me trouxe à memória a ideia de que o corpo fala... Recentemente, li um livro de Carlos Rodrigues Brandão, *Orar com o corpo*.

Rubem – É isso mesmo, o corpo fala.

Elisa – Muito bacana. Aliás, numa oficina que demos para um banco, tive a comprovação dessa ideia. Quando a poesia chega, por exemplo, às pessoas que trabalham num banco, ao realizar um treinamento que estimule os aspectos sensíveis, tudo se transforma. Ultimamente descobriram que o mundo não pode prescindir do sentimento humano. Esfriou-se o homem a tal ponto que de humano ele não tem nada; então é necessário lembrar à pessoa de que ela existe, e eu faço esse trabalho. Às vezes eu vou àquele local automatizado, falo um poema e todo mundo chora, percebe que ainda se emociona, se arrepia. Nota-se que todos estavam muito longe da vida. Estou me referindo a uma oficina que fizemos apenas para gerentes. Uma jovem gordinha, simpática, foi ler pela primeira vez um poema. O escolhido foi, de Ferreira Gullar, "Detrás do rosto":

Acho que mais me imagino
do que sou
ou o que sou não cabe
no que consigo ser
e apenas arde
detrás desta máscara morena
que já foi rosto de menino.
Conduzo
sob minha pele
uma fogueira de um metro e setenta de altura.
Não quero assustar ninguém.
Mas se todos se escondem na palavra medida
no sorriso
devo dizer
que o poeta gullar é uma criança
que não consegue morrer
e que pode
a qualquer momento
desintegrar-se em soluços.
Você vai rir se lhe disser
que estou cheio de flor e passarinho
que nada
do que amei na vida se acabou:
e mal consigo andar
tanto isso pesa.
Pode você calcular quantas toneladas de luz
comporta
um simples roçar de mãos?

ou o doce penetrar
na mulher amorosa?
Só disponho de meu corpo
para operar o milagre
esse milagre
que a vida traz
e zás
dissipa às gargalhadas.

É um bonito poema. Mas a garota chorava muito, e, quando lhe perguntei o que estava acontecendo, ela me respondeu que era cheia de flor e passarinho, como o poema, só que ninguém percebia e ela mesma não era vista porque era gordinha. Mas continuava afirmando: "Eu sou cheia de flor e passarinho. Eu acredito, mas ninguém vê".

Faço um espetáculo, o "Parem de falar mal da rotina", que inclui poesia, humor e situações curiosas do dia a dia. Faço um sorteio por espetáculo – de uma bolsa do *designer* Gilson Martins, meu parceiro querido. Digo um poema e a pessoa que adivinhar o autor ganha a bolsa (que, por sinal, é sempre bonita). Só que eu falo um poema que engana todo mundo. Um deles é um poema da Cecília Meireles que não se parece com o restante da obra dela, o "Epigrama número 7":

A tua raça de aventura
quis ter a terra, o céu, o mar...

> Na minha, na minha há uma delícia obscura
> em não querer, em não ganhar...
> A tua raça quer partir,
> guerrear, sofrer, vencer, voltar.
> A minha, não quer ir nem vir.
> A minha raça quer passar.

Rubem – "A minha raça quer passar."

Elisa – Ninguém imagina que a Cecília teria escrito isso, ainda mais vendo uma negra falando...

Rubem – Fiquei com vontade de conhecer mais poemas seus.

Elisa – Tem um de que gosto muito, chama-se "Cortando cebola". Essa cena que eu vou contar aconteceu quando cheguei ao Rio de Janeiro com meu filho, Juliano, ainda bem pequeno:

> Eu tava na beira do fogão,
> preparo diário de alimento.
> Mas nesse dia era tempero de agonia,
> nesse dia o que havia era profusão de lágrimas
> saídas dos olhos,
> caídas lá embaixo,
> no térreo infinito do fundo das panelas.
> Eu que era artista sem dinheiro, aquela,
> e o talento esburrando como leite

esquecido exagerado de fervido.
Eu era o amigo do meu próprio peito
que estava quase abandonando a causa.
Minha alma picadinha junto ao coentro
esquartejava meu anjo da guarda,
como quem desossa uma galinha.
Sozinha, chorando sobre a solidão das vasilhas
tão melhor do que a minha.
Eu que agora pareço que padeço
de não ter a natureza a meu favor.
Não ter a companhia dos legumes e verduras,
não sei se haverá comida amanhã.
Só porque assumi ser artista
e não puta ou vilã do meu país
que é um universo.
Desconverso comigo e pranteio a pia
sem alvoroço, sem soluço,
só um percurso de rio constante e silencioso
se forma no meu rosto.
No quarto, o filho brinca distraído.
Um grito mudo se refoga na minha fala
até a chegada da cara sagrada do filho à porta.
Ia me pedir alguma coisa da função mãe...
Disse: põe seu prato, se vista, mas me poupe,
me poupe e me deixe quieta.
Disse e fiquei parada
olhando pra cor de sol que tem às vezes uma cenoura.
Meu filho responde então: tá bem, mãe, mas...

(olha pros meus olhos e pros da cenoura)
Mas jura, mãe, jura que cê tá cortando cebola?

Quando o Juliano tinha quatro aninhos falou uma coisa maravilhosa: "Mãe, sabe por que eu gosto de você ser negra? É porque combina com a escuridão. Então, mãe, quando é de noite, eu nem tenho medo, tudo é mãe, tudo é escuridão".

Rubem – Mas isso é poesia!

Elisa – É uma visão linda!

Faz-se poesia para fora

Rubem – Você falou dois poemas que considera adequados para serem utilizados nas escolas. Você já fez poemas, digamos, "de encomenda", para algum fim específico?

Elisa – Fiz, sim. A história do primeiro poema que escrevi de encomenda é interessante. Foi na época em que o **Betinho** estava vivo. Três pessoas do grupo dele foram à minha casa com um pedido bem original: "Elisa, a gente queria que você fizesse um poema sobre a fome pra usar na campanha Fome Nunca Mais. A gente gostaria que ele não fosse nem muito grande nem muito pequeno, com um pouco de humor, um pouco de consciência política... Daqui a dois dias a gente passa pra pegar, tá legal?". Protestei: "Meu filho, isto aqui não é pastelaria, não, isto aqui é poesia. Pra fazer poesia tem que ter inspiração e tudo o mais". Aí eles começaram a falar que tinham dinheiro: "Nós vamos pagar, temos dinheiro". Aí então a inspiração foi chegando na hora... (*Risos*)

Achei interessante o fato de poder fazer um poema de encomenda e, com isso, ganhar algum dinheiro. Nunca tinha pensado nessa possibilidade. Mas fiquei imaginando por onde começar para escrever o poema. E quem veio à minha mente foi minha avó que, num momento remoto, tinha passado fome. Quando minha mãe se casou com meu pai, ela foi morar em casa com a gente – a nossa era realmente uma casa de fartura, tive uma infância muito rica mesmo, de bens e tudo. Por isso, minha avó achava muito leviano a gente reclamar: "Ai, vó, estou com uma fome!". "Não diga isso!", falava mais que depressa, porque ela, sim, sabia o que era passar fome. "Você não está com fome, você está com apetite!" Ela estabeleceu essa diferença entre fome e apetite, e foi com base nessa ideia que escrevi esse poema que, aliás, ficou muito bom, gostei do resultado. Até botei uma plaquinha lá em casa: "Faz-se poesia para fora". Depois, um amigo meu, pintor, querendo me imitar, botou também uma plaquinha "Pinto para fora", mas não funcionou... (A piada é fraquinha, mas é boa).

Nessa época, meus livros eram totalmente artesanais, feitos a mão por mim e pelo Juliano, que me ajudava também a vendê-los. Eu escrevia os poemas, montava os livrinhos, botávamos capa de cartolina, juntávamos uns decalques, grampeávamos e os vendíamos nos meus recitais no Rio de Janeiro, ou por onde fosse.

Um dia, minha sobrinha me ligou de Vitória: "Tia, você não sabe da maior. Acabei de sair da prova do vestibular, e você não vai acreditar: sabe qual era o poema que tava na prova do vestibular?". Perguntei: "Qual?". "O seu poema da fome!" Eu não podia acreditar mesmo: "Mentira!". "O seu poema, tia! Falei pra todo mundo: 'É o poema da minha tia, gente!'

Ninguém acreditou". Nesse dia eu tive uma crise de vaidade sem tamanho! Eu não tinha um livro de editora e já estava na prova do vestibular!? Aquilo me fez muito bem. E pedi que minha sobrinha me enviasse a parte da prova com o poema, que eu queria fazer, estava curiosa. Ela me mandou, fiz a prova. Em seguida, pedi o gabarito. Ela enviou.

Não acertei nenhuma questão! Acho que não entendi o que a autora quis dizer... O fato acaba sendo engraçado, mas é um absurdo! E o pior: é verdade.

Rubem – Você sabe que isso não aconteceu só com você, não. Aconteceu a mesma coisa com o Mario **Prata**. Ele escreveu uma crônica sobre as meninas do voleibol quando estava namorando uma delas. Era uma crônica alegre, falando sobre as pernas, o bumbum, os seios das meninas. Tempos depois apareceu um artigo dele: "Senhor Ministro da Educação, estou realizado agora como escritor porque a minha crônica passou no vestibular etc. Aí eu tentei responder as questões que os gramáticos fizeram sobre a minha crônica e errei todas". Experiência igual à sua.

Elisa – Errou tudo e era ele o autor?

Rubem – Exato.

Elisa – Isso põe por terra essa história da interpretação.

Rubem – E da gramática!

Elisa – Da gramática também? Mas eu gosto de análise sintática!

Rubem – Você sabe falar, mas não é porque aprendeu gramática! Como é que você ensina a língua? Não é com gramática. Aliás, eu tenho um grilo muito grande com análise sintática. Já tenho sugerido várias vezes que se acabe com ela. Análise sintática é um sofrimento para os alunos, é por causa dela que eles acabam odiando a leitura e a língua portuguesa.

Elisa – Mas penso que talvez o problema seja a maneira de ensinar, de explicar. Enfim, acho importante entender a estrutura das coisas, a oração... Você acha ruim?

Rubem – Eu não compreendo, não sei análise sintática, só sei identificar sujeito e predicado, nada mais do que isso, mas sei escrever. Então, acho que o método ideal para ensinar uma pessoa a escrever é fazer com que ela leia, e leia, e leia. Depois que dominar a arte da leitura, ela poderá fazer qualquer tipo de análise sintática, porque já saberá falar. Mas como fazer análise de alguma coisa que não se conhece?

Elisa – É verdade, não existe então o...

Rubem – ... o substrato.

Elisa – O palco, o chão, a base. Nesse caso, a pessoa não tem a que se reportar.

Rubem – Mas não é só a gramática. As questões de interpretação de texto, com suas quatro ou cinco alternativas, também são irritantes. Uma deveria ser a certa, não? E quando não concordamos com o gabarito? Gostaríamos de assinalar parte de uma, parte de outra. Mais parece um exercício de adivinhação.

Elisa – Mas você tocou num ponto essencial, Rubem. As pessoas só podem gostar de poesia se souberem ler, e elas não sabem. Olhe, eu tenho uma opinião: a maioria dos brasileiros não sabe ler, é um fato. Então se a maioria não lê, eu leio pra essas pessoas. Acho que é necessário que se leia para elas. Vamos ler para essas pessoas!

Rubem – Aprender a ler é igual a aprender música: não se pode gostar de **Beethoven** se nunca se escutou Beethoven. O indivíduo tem que experimentar a delícia do texto; se a pessoa nunca saboreou um texto, não tem como gostar dele.

Mas a maioria dos professores e dos alunos não sabe ler, sabe apenas juntar letras. Quando falo sobre isso, costumo dar um exemplo bem simples, e explico: "Olhe, na poesia e na leitura, não basta dizer as palavras certas, porque as palavras só têm sentido dentro de uma melodia e de um ritmo. É preciso aprender o ritmo, surfar sobre as palavras".

Elisa – É verdade.

Rubem – Então, o exemplo que dou é um poema de Cecília Meireles, "O rei do mar". Vou recitá-lo duas vezes; em ambas, vou dizer as mesmas palavras: "*Muitas velas muitos remos âncora é outro falar tempo que navegaremos não se pode calcular vimos as Plêiades vemos agora a Estrela Polar muitas velas muitos remos curta vida longo mar*". Disse todas as palavras.

Elisa – Mas não disse nada!

Rubem – Não. Eu arrasei, destruí o poema. Assassinei o poema, porque, na verdade, o poema não é isso. Vamos agora *ouvir* as palavras, seguir o ritmo:

> *Muitas velas. Muitos remos.*
> *Âncora é outro falar...*
> *Tempo que navegaremos*
> *não se pode calcular.*
> *Vimos as Plêiades. Vemos*
> *agora a Estrela Polar.*
> *Muitas velas. Muitos remos.*
> *Curta vida. Longo mar.*

Enfim, se as palavras não vierem acompanhadas da música, não se entende nada.

Elisa – Mas quem é o maestro? É o sentido. O sentido que você deu faz a diferença. O que você fez? Eu vi você vendo as muitas velas; eu vi através do seu olhar. Eu vi, eu queria ver, eu "vou na sua". Se eu fizer isso – ver e fazer ver –, todo mundo vai perceber: se digo, olhando para um ponto fixo, vendo claramente a imagem da minha mente, "tem alguém ali", todo mundo vê. Havia um poema do qual eu tinha medo. Minha professora dizia: de Casimiro de Abreu, "Deus". Quando fui estudá-lo em Casimiro de Abreu, pensei: "Ai, meu Deus! Se vou à cidade de Casimiro de Abreu, vou levar os poemas do autor na mala!". Fui estudar "Deus", porque eu tinha pavor desse poema. Minha professora falava o poema com muita gravidade; e diante da força e da seriedade e até da vibração que ela colocava na voz, quando chegava ao final, eu ficava apavorada, com muito, muito medo. Para mim era um horror. Resolvi então ler, estudar... e descobri que o poema é doce. Diz assim:

Eu me lembro! eu me lembro! — Era pequeno
E brincava na praia; o mar bramia
E, erguendo o dorso altivo, sacudia
A branca escuma para o céu sereno.

E eu disse a minha mãe nesse momento:
"Que dura orquestra! Que furor insano!
Que pode haver maior do que o oceano,
Ou que seja mais forte do que o vento?!"

Minha mãe a sorrir (...)

E a professora modificou o sentido deste verso, fazia uma expressão triste ao dizer: "Minha mãe a sorrir". Ela não sorria, desobedecia ao enunciado.

Minha mãe a sorrir olhou pros céus
E respondeu: — Um Ser que nós não vemos
É maior do que o mar que nós tememos,
Maior que o tufão! Meu filho, é — Deus!

Era simplesmente outro poema. Isto acontece a todo o momento na escola: um assassinato a sangue frio do poema... e a conta vai pra poesia. É a poesia que paga. "Ah, poesia é chata"; ou "eu não entendo poesia, aquilo não quer dizer nada". Veja, por exemplo, como são importantes as pausas! Cada final de verso não é, necessariamente, lugar de respiração. Então, às vezes, eu me lembro de um poema do Manuel Bandeira, "Poemeto erótico", que eu tive muita dificuldade de ensinar a um aluno meu. Era assim: "*Teu corpo claro e perfeito, / teu corpo de maravilha, / quero possuí-lo no leito / estreito da redondilha*". Mas meu aluno falava assim: "Quero possuí-lo no leito... estreito da redondilha". Expliquei: "Não faça isso, você deixa o adjetivo jogado. Para que serve um adjetivo se não for para dar qualidade a alguma coisa? Assim ele fica separado daquilo a que qualifica". Acho que é assim que se dá aula de português, entende? Note que bonito é o adjetivo: ele dá qualidade.

Rubem – É que o aluno está paralisado pela própria forma gráfica.

Elisa – Exatamente, ele para ali. Fica um papo de maluco: "Eu gosto de você / porque você é muito / legal comigo". Ficam elementos estanques, sem ligação.

Rubem – Você sabe que eu reescrevi esse poema de Casimiro de Abreu?

Elisa – Você reescreveu?

Rubem – Pois é, vou recitá-lo. É praticamente idêntico até o finalzinho:

Eu me lembro, eu me lembro, eu era pequeno
E brincava na praia
O mar bramia e erguendo o dorso estreito sacudia
A bruma espuma para o mar sereno
E eu disse a minha mãe naquele instante:
– Que dura orquestra! Que furor insano!
Que pode haver maior do que o oceano?
E a minha mãe a sorrir me respondeu:
– O piano!

Dediquei-o ao Tom Jobim por ocasião de sua morte.

Elisa – Uau, arrasou! Que ótimo, maravilhoso! O piano, que lindo!

A alma do texto é a emoção

Rubem – Na minha opinião, se alguém quiser massacrar o amor pela língua portuguesa, basta eleger a norma culta como primeira forma de trabalhar com o aluno. É como pretender fazer a anatomia do texto antes de conhecer seu sentido, suas mensagens, sua música. Já afirmei que a análise sintática faz a anatomia do texto. Existem aspectos formais que são muito importantes, mas a alma do texto não é a coisa formal, a alma do texto é a emoção. Antes de estudar a forma, de mergulhar em seus detalhes, é necessário captar a essência, a alma, a emoção. Sozinha, a emoção não é poesia, mas é a poesia que a transmite. Não acho possível que alguém retenha algum conhecimento se não tiver emoção. E a poesia pode ser um elemento de emoção para se reter conhecimento.

Elisa – Memória e emoção se grudam, se integram. Por exemplo, Rubem, você conhece os detalhes da separação que está vivendo agora. Um dia, tudo isso vai virar esquecimento para que você possa suportar. Mas você só pode se lembrar de uma coisa de 50 anos atrás se tiver sido marcado emocionalmente. E essa é a única possibilidade; para mim, é na emoção que a memória se cola.

Rubem – Voltando à questão da escola, o problema é que ela retirou a emoção do processo de aprendizado. E sabe por quê? Porque a escola só trabalha com conteúdos que podem ser avaliados. E como é que se poderia avaliar emoção: se houve muita emoção, pouca ou nenhuma emoção? É impossível. Então, como a escola trabalha com avaliações, ela não tem uma forma de considerar a experiência afetiva, porque esta não se deixa avaliar, é impossível.

Elisa – As pessoas que chegaram ao cume das suas carreiras – seja um Nelson **Freire**, seja um **Einstein** ou um **Freud** – eram movidas tanto pela emoção quanto pela razão, claro.

Rubem – A razão pertence à caixa das ferramentas, a emoção pertence à caixa dos brinquedos. Vou lembrar um exemplo bem simples: o Nelson Freire. Não sei se você o conhece. Eu tentei muito ser pianista, pelejei. O Nelson Freire me convenceu a parar de tocar piano, embora ele seja quase 10 anos mais moço do que eu. Sabe como foi isso? Um dia, quando eu tinha uns 15 anos, eu estava ao piano, em casa, com a "Patética", de Beethoven (já fazia uns dois meses que estava trabalhando com essa sonata), quando soou a campainha, e quem é que estava lá? Dona Augusta e o filho Nelson – um pirralhinho de sete anos, sem educação, malcriado. Ele entrou na sala, viu a partitura aberta no piano e simplesmente foi até lá, sentou-se no banquinho e tocou.

Aí eu me lembrei de uma coisa: Deus não é do PT, Deus não é democrático, e existe uma razão teológica para isso. É um salmo que diz assim: "Inútil te será levantar de madrugada e trabalhar o dia todo, porque Deus, àqueles que ele ama, dá enquanto estão dormindo".[16] Assim, aquele ditado "Deus ajuda a quem cedo madruga" está complemente errado; o ditado certo é "aqueles a quem Deus ama não precisam madrugar".

Se o Nelson Freire não tivesse a essência, a emoção, de nada lhe adiantaria a razão. Mas ele tem essa essência, essa emoção... que poderiam até ficar em estado de hibernação, sem se realizarem. O que acontece, porém, é que ele tem uma disciplina férrea e é muito estudioso, chega a ficar estudando exaustivamente um simples detalhe de um determinado trecho musical, o que revela o aspecto da razão. Ele trabalha racionalmente. Quer dizer, *razão* no sentido de saber que é preciso fazer determinado esforço, que não adianta só achar aquilo maravilhoso. Isso exige disciplina. Se Albert Einstein não tivesse disciplina para estudar matemática, não poderia ser o cientista que foi.

Elisa – Preciso fazer aqui uma ressalva. Desculpe-me, Rubem, mas vou discordar de você – ou, uma maneira chique de discordar, vou rever um pensamento seu, vou revisitá-lo a meu modo. Eu não desprezo a gramática, minha experiência

---

16. Salmo 126, 2.

com análise sintática foi realmente muito boa. Tive um professor apaixonado por ela, meu pai, que me ajudou muito também nesse sentido. Por isso, acho que trato essa questão como ferramenta que muitas vezes me salva. Ensino isso para as pessoas. O aposto, por exemplo, pode ser colocado entre vírgulas, porque, se eliminado, não prejudica o sentido da frase. A gramática é um conjunto de ferramentas que podem ser muito úteis. É preciso que os professores ensinem os alunos a utilizá-las, fazer uma ligação entre elas e a emoção, o brinquedo, a vida. Eu sou o sujeito determinado da minha oração principal, que é minha vida. Então, vejo a análise sintática como uma ferramenta para melhor compreender anatomicamente a linguagem, o pensamento, mas pode-se mexer na estrutura: isto aqui eu tiro, aquilo eu ponho na frase, mas tudo a serviço da emoção. Uma pessoa que domina a sua língua é uma pessoa inteira. Se a gente quer algum futuro, tem de olhar para esses meninos e meninas.

Rubem – É certo, mas é que você aprendeu a gostar.

Elisa – Eu gostava de ler, e aí um dia me explicaram... Eu já tinha a emoção antes, já era uma boa leitora.

Rubem – O que estamos discutindo é o seguinte: se for apresentado ao aluno um texto, poético ou não, pela primeira vez, com aquela carga de "anatomia", isso pode ser assustador.

Elisa – Sim, mas se ele já tiver sido fisgado emocionalmente, torna-se uma brincadeira. A partir daí, qualquer um pode viajar pelo tema que já ama.

Rubem – O Leonardo da Vinci tem uma frase da qual eu discordo: "Só podemos amar aquilo que podemos conhecer". Acho que a verdade é o oposto: só podemos conhecer aquilo que podemos amar. Temos de amar primeiro. Eu entrei para a literatura muito tarde, mas fui muito influenciado por um professor que tive no ginásio. Ele se chamava Leônidas Sobrinho Porto. O Leônidas tinha uma cara de bolacha. Quando chegou à classe pela primeira vez, ele disse assim: "Temos duas questões preliminares para resolver. A primeira questão é a presença. Fiquem tranquilos, todos vocês têm 100% de presença. A segunda questão a ser resolvida é relativa à aprovação: informo que todos vocês já passaram. Então, tendo deixado de fora essas duas questões, vamos nos dedicar à literatura". Assim, quando ele dava aula, todos nós ficávamos paralisados, porque ele encarnava o que nos apresentava. Começamos a perceber que literatura era uma coisa absolutamente fantástica. Ele não nos ensinou detalhes sobre literatura, nem sobre análise sintática, nem sobre coisa nenhuma. Ele encarnou a literatura, e aquilo ficou absolutamente inesquecível. Então, vejo muito disso no professor, se o professor não for possuído por essa paixão, não poderá comunicar isso.

Elisa – É verdade. Por exemplo, eu fui uma aluna de geografia "desperdiçada". Adoro o tema, mas só fui aprender geografia, e ainda assim mais ou menos, amando, viajando pelo mundo. Quando comecei a namorar meu segundo marido, que é terapeuta e psiquiatra, ele me propôs: "Vamos para a Tunísia? Quero levar você pra lá". Fiquei muito sem graça porque não tinha a mínima noção de onde era isso. "Ai, meu Deus, isso deve ficar perto de quê?" "Dos desertos", ele disse. "Dos desertos? Agora complicou!" Fiquei muito sem graça. Depois até escrevi um poema sobre isso, chamando "Mapa-me". O que quero dizer é o seguinte: eu poderia ter me aprofundado em geografia. Mas, então, o que aconteceu? O problema é que eu era obrigada a decorar: Peru – capital Lima. Hoje, contamos com o recurso virtual: basta um clique e pode-se ver um vídeo sobre o Peru, ter acesso a imagens da capital, Lima. Aí sim.

Rubem – Você sabe o que já bolei? Um curso de geografia em que as crianças estudassem o conteúdo como se fosse uma agência de viagens.

Elisa – Que legal!

Rubem – Cada grupo de crianças prepararia um roteiro de viagem: um para a América do Sul, outro para a África, um terceiro para a Europa, e assim por diante. Já imaginou que coisa fascinante?

Elisa – Como seria bom se isso pudesse se concretizar na escola: juntar a fascinação, a paixão da experiência com o conhecimento que é tão necessário. Só a literatura tem esse poder.

Rubem – Sem dúvida o bom professor é aquele que transmite uma emoção junto com a informação. Porque a palavra *emoção*, do latim, tem sua origem em "mover"; *emocionar*, "coisa que move"; *comover*, "mover junto".
Preciso lhe contar a estória da dona Clotilde. Quando eu era menino, aluno do primeiro ano do curso primário, tinha uma professora chamada dona Clotilde, uma mulher bonita de uns 25 anos. Ela ia para a sala de aula, desabotoava o primeiro botão da blusa, desabotoava o segundo, depois o terceiro e, a seguir, enfiava a mão na blusa, de onde tirava o seio. Nós, meninos, não sabíamos muito bem o que estava acontecendo, mas o corpo sabia (o corpo sabe coisas que a cabeça não sabe, havia as reações óbvias).

Elisa – Ai, que bonitinho!

Rubem – Mas, daí, o que acontecia? Não durava muito tempo e ela pegava seu filhinho e lhe dava de mamar. Certamente ela nunca imaginou que aquilo fosse sensual. No final da aula, a meninada toda ia à mesa da dona Clotilde querendo carregar a sua pasta. Só depois de muitos anos é que me dei conta da besteira que era carregar a pasta da professora. Percebi que havia uma razão poética, metonímica. Metonímia: não posso ter o seio da dona Clotilde, mas posso ter, por metonímia, o símbolo que represente o seio. A pasta dela representava o seio. Então, quem não tem seio, que é o princípio fundamental, carrega a pasta.

Falo isso e faço a seguinte brincadeira. Pergunto: Afinal de contas, por que estou contando essa estória? O que isso tem a ver com pedagogia? É muito simples, a lição é esta: um aluno que tem admiração e amor por um professor é capaz de carregar as maiores e as mais pesadas pastas por causa desse professor.

Elisa – É verdade.

Rubem – Quer dizer, a questão de ensinar não é puramente racional, não é nem questão de preparar bem o curso, mas, sim, de estabelecer uma relação afetiva de tal maneira que o aprendiz queira se apropriar de um pedaço daquela pessoa.

Elisa – Esse é o princípio da compaixão.

Rubem – Da compaixão e, digo mais, da antropofagia: quero devorar a outra pessoa.

Elisa – Ah, sim, é verdade. Mas acho que, considerado dessa forma, a compaixão ficou fora do princípio da generosidade, do amor ao próximo...

Rubem – Ah, me deixe terminar de lhe dizer o que aconteceu com a dona Clotilde. Fui fazer uma palestra na cidade de Cambuquira e contei sobre a dona Clotilde. No final me disseram que ela vivia em Três Corações e que, no ano anterior, do alto de seus 92 anos, tinha defendido uma tese sobre a ironia em Eça de Queirós. Aos 92 anos! Fiquei com muita vontade de falar com ela. Coloquei um anúncio no jornal, e meu oftalmologista me passou um *e-mail* e depois me telefonou. Contou que ele tinha operado dona Clotilde de catarata e me informou o telefone dela. Telefonei para a casa dela – eram dez horas da manhã – e a voz que atendeu me informou: "Não, ela não está aqui, foi para a faculdade dar aula".

Elisa – Que chique!

Rubem – Depois consegui falar com a dona Clotilde e foi uma coisa tão bonita. Ela evidentemente não se lembrava de mim, mas eu me lembrava dela. E ela disse: "Fico muito feliz de não ter estragado o senhor".

Elisa – Que graça! Quero lhe falar ainda o poema "Credo":

De tal modo é
que eu jamais negá-lo poderia:
sou agarrada na saia da poesia!

Para dar um passeio que seja,
uma viagem de carro avião ou trem,
à montanha, à praia, ao campo,
uma ida a um consultório
com qualquer possibilidade, ínfima que seja, de espera,
passo logo a mão nela pra sair.
É um Quintana, uma Adélia, uma Cecília, um Pessoa
ou qualquer outro a quem eu ame me unir.

Porque sou humano e creio no divino da palavra,
pra mim é um oráculo a poesia!
É meu tarô, meu baralho, meu tricô,
meu I-ching, meu dicionário,
meu cristal clarividente,
meus búzios,
meu copo com água,
meu conselho,
meu colo de avô,
a explicação ambulante pra tudo o que pulsa e arde.
A poesia é síntese filosófica, fonte de sabedoria,
e bíblia, dos que, como eu, creem na eternidade do verbo,
na ressurreição da tarde e na vida bela.
Amém.

Rubem – Coisa linda, você podia criar uma religião. Seria ótimo, não acha?

GLOSSÁRIO

Abreu, Casimiro de (1837-1860): Poeta romântico brasileiro, cultivava um lirismo de expressão simples e ingênua, preferindo temas ligados ao amor e à saudade, tais como a nostalgia da infância, o gosto da natureza, a saudade da terra natal, a religiosidade ingênua, o pressentimento da morte, a exaltação da juventude. A simplicidade é sua característica.

Agostinho, Santo (354-430): Bispo católico, teólogo e filósofo. Considerado pelos católicos como santo e doutor da Igreja; escreveu mais de 400 sermões, 270 cartas e 150 livros. É famoso por sua conversão ao cristianismo, relatada em seu livro *Confissões*.

Anysio, Chico (1931-2012): Um dos mais famosos humoristas brasileiros, foi também ator, escritor, compositor, diretor e artista plástico brasileiro. Ficou bastante conhecido por seus programas humorísticos na Rede Globo, como a *Escolinha do professor Raymundo*, no qual dizia o famoso bordão: "E o salário, ó!".

Bandeira, Manuel (1886-1968): Professor, jornalista, redator de crônicas, tradutor, biógrafo, poeta. Caracteriza-se pela simplicidade e por um humor muito natural, faz do verso livre sua marca e ocupa-se de temas ligados à família, à morte, à infância em Recife, aos indivíduos pertencentes às classes mais baixas. É um dos maiores nomes do modernismo no Brasil.

Barros, Manoel de (1916-2014): Advogado, fazendeiro e poeta conhecido nacional e internacionalmente, foi um dos mais originais e importantes escritores do Brasil. Recebeu diversos prêmios, como o Cecília Meireles, concedido a ele pelo Ministério da Cultura em 1998. Sua principal característica era a liberdade para inventar palavras e conceitos. Entre suas obras, encontram-se *Gramática expositiva do chão*, *Memórias inventadas* e *O fazedor de amanhecer*.

Beethoven, Ludwig van (1770-1827): Compositor alemão; ao lado de Bach e Mozart, é sem dúvida um dos maiores do século XIX. Autor de sonatas, quartetos, sinfonias e da ópera *Fidélio*, uma de suas grandes criações. A *Nona Sinfonia* é uma de suas obras mais conhecidas. A surdez, maldição de sua vida, ajudou-o a alcançar as alturas de uma música abstrata, além de toda a beleza sensorial. Sua música está entre classicismo e romantismo.

Betinho (Herbert José de Sousa) (1935-1997): Sociólogo brasileiro e ativista dos direitos humanos. Concebeu e dedicou-se ao projeto Ação da Cidadania contra a Miséria e Pela Vida. Em 1986, descobriu ter contraído o vírus HIV em uma das transfusões de sangue a que era obrigado a se submeter periodicamente devido à hemofilia. Em sua vida pública, esse fato repercutiu na criação de movimentos de defesa dos direitos dos portadores do vírus. Morreu em 1997, já bastante debilitado pela Aids.

Bilac, Olavo (1865-1918): Jornalista, exímio prosador, orador, propagandista da abolição, poeta. Fundindo o parnasianismo francês e a tradição lusitana, elegeu as formas fixas do lirismo, principalmente o soneto. Foi um dos mais notáveis poetas brasileiros, tendo participado da fundação da Academia Brasileira de Letras.

Buarque, Chico (1944): Um dos mais conhecidos compositores e intérpretes brasileiros, é também poeta e escritor. Teve papel importante durante a ditadura militar ao compor canções de protesto, como *Roda viva* e *Cálice*. Como escritor, recebeu o Prêmio Jabuti em 1992 por *Estorvo* – seu primeiro romance – e em 2004 por *Budapeste*.

Brizola, Leonel de Moura (1922-2004): Líder socialista, um dos políticos mais populares e polêmicos do Brasil, lançado na vida pública por Getúlio Vargas. Foi governador do Rio Grande do Sul e do Rio de Janeiro. Por duas vezes foi candidato a presidente do Brasil pelo PDT, partido que fundou em 1980, mas não conseguiu se eleger. Morreu aos 82 anos de idade, vítima de problemas cardíacos.

Camões, Luís Vaz de (1525-1580): Escritor português, é um dos maiores poetas da língua portuguesa. Sua principal obra, *Os lusíadas*, foi publicada em 1572. Escreveu poesias líricas e épicas, peças teatrais e sonetos que são verdadeiras obras de arte. Seus livros, traduzidos em diversos idiomas, mantêm-se vivos em músicas, filmes e roteiros.

Da Vinci, Leonardo (1452-1519): Pintor, escultor, arquiteto, engenheiro, cientista e inventor italiano. Suas obras principais são "Mona Lisa" e "A última ceia". Como cientista e inventor, adiantou-se muitos séculos e previu, inclusive, a invenção do avião. É um gênio universal, figura principal da Renascença.

Dickinson, Emily (1830-1886): Poeta americana, nasceu e viveu em Massachusetts, em uma das regiões mais puritanas e conservadoras do país. Não se submetia aos rígidos padrões de discrição e simplicidade exigidos às mulheres. Não publicou nenhum de seus escritos em vida. Sua escrita poética era ambígua, irônica, fragmentada, aberta a interpretações; era poesia nascida na solidão e no anonimato, mas impregnada dos valores humanos. Trata-se de uma das escritoras mais cultuadas em todo o mundo.

Drummond de Andrade, Carlos (1902-1987): Um dos maiores poetas brasileiros, sua temática é introspectiva e revela o sentimento que tinha pelo mundo. Em sua técnica, destacam-se o meticuloso domínio do ritmo, a invenção vocabular e a revalorização da rima. Foi também contista e cronista. Seu primeiro livro, *Alguma poesia*, foi publicado em 1930. São de sua autoria *A rosa do povo*, *Claro enigma* e *Lição de coisas*, entre outros.

Einstein, Albert (1879-1955): Físico e matemático alemão. Sua Teoria da Relatividade modificou definitivamente as ideias a respeito do espaço, do tempo e da natureza do Universo. Passou os últimos dias de vida tentando desenvolver um sistema matemático que incorporasse as leis da gravitação e do eletromagnetismo.

Eliot, T.S. (1888-1965): Poeta, crítico, ensaísta e dramaturgo norte-americano, naturalizado inglês. Ganhou o prêmio Nobel de Literatura em 1948. Foi o escritor contemporâneo que mais conscientemente buscou, na tradição cultural do passado, o sentido de um tempo presente que fosse também futuro. Sua obra é clássica e moderna, revolucionária e reacionária, realista e metafísica.

Fernandes, Millôr (1923-2012): Como cartunista, colaborou nos principais órgãos de imprensa; como cronista, publicou mais de 40 títulos. Foi também dramaturgo de sucesso, artista gráfico com trabalhos expostos em várias galerias de arte e no Museu de Arte Moderna do Rio de Janeiro. Além de ter escrito roteiros de filme, programas de televisão, *shows* e musicais, foi um dos tradutores de teatro mais solicitados do país. Irônico, polêmico, com seus textos e desenhos (des)construiu a crônica dos costumes brasileiros.

Franck, César Auguste (1822-1890): Belga, virtuose do piano, organista e professor, demonstrou desde criança um extraordinário talento para o piano. Naturalizou-se francês, tornou-se concertista. Destaca-se em sua obra a sonata mencionada (1986). Embora não tenha recebido reconhecimento em vida, é um dos principais compositores franceses da segunda metade do século XIX.

Freire, Nelson (1944-2021): Pianista erudito mineiro, de notoriedade no Brasil e projeção internacional. Iniciou os estudos de piano aos quatro anos e aos oito tocou com a Orquestra Sinfônica Brasileira, num solo de um concerto de Mozart. Ficou conhecido mundialmente, gravou muitos *CDs* – entre os quais os *Noturnos* e *Scherzos* de Chopin – e tocou sob a batuta de Pierre Boulez, André Prévin e Kurt Mansur, entre outros.

Freud, Sigmund (1856-1939): Médico neurologista e psiquiatra austríaco, fundador da psicanálise. Defendia a tese de que há uma relação entre histeria e sexualidade e de que a histeria não era exclusiva da mulher. Descobriu ainda a relação entre os traumas sofridos na infância e os sintomas de histeria. Sua obra é objeto de questionamento, mas, inegavelmente, é ainda muito influente.

Goethe, Johann Wolfgang (1749-1832): Escritor, poeta, cientista e filósofo alemão. É um dos nomes mais importantes da literatura alemã. Seu trabalho reflete o desenvolvimento das observações por ele colhidas ao longo da vida, marcada por sofrimento, tragédia, ironia e humor. *Fausto*, livro escrito a partir de 1774 e concluído em 1831, é sua obra-prima.

Gullar, Ferreira (1930-2016): Maranhense, procurou sempre apontar em sua obra a problemática da vida política e social do homem brasileiro. Seu engajamento na vida política do país e sua luta por mudanças efetivas custaram-lhe a prisão e, em seguida, o exílio. Poeta, crítico, teatrólogo e intelectual, figura na história da literatura como um dos maiores expoentes, tendo influenciado toda uma geração de artistas.

Hime, Francis (1939): Compositor, arranjador, pianista, cantor e maestro brasileiro. Trabalhou com grandes nomes da MPB, como Vinicius de Moraes, Toquinho, Gilberto Gil, Milton Nascimento, entre outros. Com Chico Buarque, compôs sucessos como "Passaredo", "Pivete", "Atrás da porta". Tem mais de 15 álbuns lançados e já recebeu diversos prêmios.

Kundera, Milan (1929): Escritor de origem checa, naturalizado francês. No ano de 1984, escreveu *A insustentável leveza do ser*, seu trabalho mais popular. O livro é como uma grande crônica acerca da frágil natureza do destino, do amor e da liberdade humana. A obra, sucesso de público e crítica, ganhou sua versão cinematográfica no ano de 1988. Entretanto, Kundera proibiu, a partir de então, a adaptação cinematográfica de seus outros livros.

Lobato, Monteiro (1882-1948): Fazendeiro, advogado, diplomata, sociólogo, empresário, jornalista, ensaísta, crítico de arte e literatura, pintor, tradutor, escritor de cartas e de obras infantis, precursor do realismo fantástico no Brasil. Publicou seus primeiros contos em jornais e revistas e, posteriormente, reuniu uma série deles em *Urupês*, sua obra-prima. Ficou famoso com o livro *O sítio do picapau amarelo*, que reuniu seus personagens mais famosos (Emília, Narizinho, Dona Benta, Visconde de Sabugosa etc.) e deu origem a uma vasta obra no campo da literatura infantil.

Márquez, Gabriel García (1927-2014): Escritor e jornalista colombiano, foi figura central do movimento literário denominado *realismo fantástico*. Ganhou o prêmio Nobel de Literatura em 1982. Duas de suas principais obras são: *Cem anos de solidão* (1967) e *Crônica de uma morte anunciada* (1981).

Meireles, Cecília (1901-1964): Professora, conferencista, tradutora, poetisa. Sua poesia, das mais puras e belas manifestações da literatura contemporânea, é marcada por um lirismo excepcional. A marca de sua obra é o sentimento da transitoriedade de tudo, que bem reflete sua compreensão das relações entre o efêmero e o eterno.

Neruda, Pablo (1904-1973): Poeta chileno, um dos mais importantes poetas da língua castelhana do século XX, cônsul do Chile na Espanha (1934-1938) e no México. Recebeu, em 1971, o prêmio Nobel de Literatura e o prêmio Lênin da Paz. Sua obra lírica é plena de emoção, marcada por um acentuado humanismo. Destacam-se, entre suas obras, *Canto geral* (1950), *Cem sonetos de amor* (1959), *Memorial de Isla Negra* (1964) e o póstumo *Confesso que vivi* (1974).

Paz, Octavio (1914-1998): Ensaísta e poeta mexicano, considerado, em seu país, o mais controvertido poeta da segunda metade do século XX. Sua fama deve-se à lírica de influência surrealista e aos caminhos da poesia concreta por que enveredou depois, na qual foram confluir elementos mexicanos e europeus. Recebeu o prêmio Nobel de Literatura em 1990.

Pessoa, Fernando (1888-1935): Considerado o poeta de língua portuguesa mais importante do século XX. Estudou na África do Sul e no Curso Superior de Letras, em Lisboa. Em 1915, participou da revista *Orfeu*, que lança o futurismo em Portugal. Usava diferentes heterônimos para assinar sua obra. Os mais conhecidos são Alberto Caeiro, Álvaro de Campos e Ricardo Reis, cada um com estilos e visões de mundo diferentes. Sua única obra publicada em vida foi *Mensagem* (1934).

Platão (427-347 a.C.): Um dos principais filósofos gregos da Antiguidade, discípulo de Sócrates, influenciou profundamente a filosofia ocidental. Afirmava que as ideias são o próprio objeto do conhecimento intelectual. O papel da filosofia seria libertar o homem do mundo das aparências para o mundo das essências. Platão escreveu 38 obras; por causa do gênero predominante adotado, essas obras fizeram-se conhecidas pelo nome coletivo de *Diálogos de Platão*.

Prado, Adélia (1935): Escritora e poetisa brasileira. Em sua prosa e em sua poesia são recorrentes os temas da vida pacata do interior: a mulher arrumando a cozinha, a missa, o cheiro do mato, os vizinhos, a gente de Divinópolis, cidade mineira onde a escritora nasceu. Várias vezes premiada, é autora de *Bagagem*, *A faca no peito* e *Contos mineiros*, entre outras obras.

Prata, Mario (1947): Desde cedo manifestou imenso prazer pela leitura, elegendo os cronistas da época como seus preferidos e dos quais sofreu influência (Rubem Braga, Millôr Fernandes, Fernando Sabino, Paulo Mendes Campos, entre outros). É autor de muitos livros, peças, roteiros, novelas. Frequentemente colabora com jornais, revistas e televisão.

Quintana, Mário (1906-1994): Poeta gaúcho, trabalhou em vários jornais. Traduziu Proust, Conrad e Balzac, entre outros nomes de grande importância na literatura mundial. Começou publicando poemas em jornais e periódicos. Mais tarde lançou *A rua dos cataventos*, seu primeiro livro de poesias. Em seguida vieram *Canções* (1946), *Sapato florido* (1948), *O aprendiz de feiticeiro* (1950), *Espelho mágico* (1951) e muitos outros, além de várias antologias.

Sant'Anna, Affonso Romano de (1937): Nascido em Minas Gerais, de família humilde, precisou trabalhar para pagar seus estudos. Filho de pais protestantes, recebeu forte influência religiosa, convivendo com as mensagens bíblicas e com pessoas muito pobres. Isso marcou sua obra, sempre com uma forte tendência à temática social. É jornalista, professor, cronista, poeta. Recebeu muitos prêmios e é profissional de projeção no Brasil e no exterior.

Saramago, José (1922-2010): Nasceu na aldeia de Azinhaga, e, após a escola secundária, por dificuldades econômicas, não pôde prosseguir com os estudos. Trabalhou como serralheiro, desenhista, funcionário de saúde e de previdência social, editor, tradutor e jornalista. Publicou seu primeiro romance em 1947. A partir de 1976 passou a viver apenas de seus trabalhos literários, primeiro como tradutor, depois como autor. Recebeu diversos prêmios, entre os quais o Nobel da Literatura, em 1998. Escritor português de projeção internacional, muitos de seus trabalhos foram traduzidos em diversos idiomas.

Shakespeare, William (1564-1616): Embora seus sonetos sejam até hoje considerados os mais lindos de todos os tempos, foi na dramaturgia que o autor ganhou destaque. Escreveu tragédias, dramas históricos e comédias que continuam marcando o cenário teatral da atualidade. O sucesso de seus textos se deve ao fato de lidarem com temas próprios dos seres humanos: amor, relacionamentos afetivos, sentimentos, questões sociais e políticas.

Vermeer, Johannes (1632-1675): Pintor holandês, intimista, aborda temas geralmente ligados a interiores com uma ou duas figuras e paisagens urbanas, evidenciando preferência por cenas da vida burguesa. É hoje reconhecido como um dos maiores de sua época.

Especificações técnicas

Fonte: AGaramond 12,5 p
Entrelinha: 18,3 p
Papel (miolo): Off-white 80 g/m^2
Papel (capa): Cartão 250 g/m^2